세상은

온통

보물찾기

놀이터

세상은 온통 보물찾기 놀이터
하루 한 발짝씩만 더 걸어 찾아낸 희망의 이야기

초 판 1쇄 2025년 06월 23일

지은이 김현정
펴낸이 류종렬

펴낸곳 미다스북스
본부장 임종익
편집장 이다경, 김가영
디자인 임인영, 윤가희
책임진행 이예나, 김요섭, 안채원, 김은진, 이예준

등록 2001년 3월 21일 제2001-000040호
주소 서울시 마포구 양화로 133 서교타워 711호
전화 02) 322-7802~3
팩스 02) 6007-1845
블로그 http://blog.naver.com/midasbooks
전자주소 midasbooks@hanmail.net
페이스북 https://www.facebook.com/midasbooks425
인스타그램 https://www.instagram.com/midasbooks

ⓒ 김현정, 미다스북스 2025, Printed in Korea.

ISBN 979-11-7355-291-5 03810

값 21,000원

※ 파본은 구입하신 서점에서 교환해드립니다.
※ 이 책에 실린 모든 콘텐츠는 미다스북스가 저작권자와의 계약에 따라 발행한 것이므로 인용하시거나 참고하실 경우 반드시 본사의 허락을 받으셔야 합니다.

미다스북스는 다음세대에게 필요한 지혜와 교양을 생각합니다.

하루 한 발짝씩만 더 걸어 찾아낸 희망의 이야기

세상은 온통 보물찾기 놀이터

| 김현정 지음 |

미다스북스

멈추어 있다 생각하던 때
뒤돌아보니 아등바등했지만
잘 흘러갔다

앞으로 뭐든 다 이룰 수 있고
기쁜 나날만 생각하던 때
뒤돌아보니
추억이 되어 잘 흘러갔다

<시간이 간다> 중에서

괜찮다.
괜찮다.
오늘만 있는 게 아니니 괜찮다.

괜찮다.
이보다 힘든 일들도 다 이겨내 왔다.
괜찮다.

그저 잠깐 넘어진 거라고,
누구나 그럴 수 있다고
가볍게 툭툭 털고 다시 일어나
걸어갈 힘을 얻었으면 좋겠다.

다음에도 또 다음에도
오늘 같은 봄이 계속되길 바라본다.

차례

프롤로그 20

1장
천천히 걸으면 보이는 작은 세상
하루의 낙서

천천히 걸으면 보이는 작은 세상 26 | 작은 불꽃이 우리 가족에게도 전해지다 29 | 봄에 대한 엄마 생각, 아이 생각 31 | 두 손 바지런히 추억을 되짚다 33 | 내 작은 손, 좋은 일에 보탬이 되다 35 | 잡념이 나를 삼킬 때면 38 | 당황스러웠던 하루 40 | 작은 미소, 해피 바이러스가 되어 42 | 땀 흘린 하루의 만족 45 | 작은 동네의 소소한 즐거움 47 | 엄마라는 또 다른 나의 이름 50 | 흐린 하루, 마음에 창을 열다 53 | 고단한 하루를 잊게 한 한마디 56 | 올 겨울 난 곰이 되려나? 58

2장

생각에 날개를 달면 언젠가는 날아오른다
조기귀이

또 다른 세상 구경하기 64 | 내 기억 속 그 아이를 위해 68 | 시간을 거슬러 올라가 보다 71 | 봉사를 하며 얻은 지혜 75 | 딸이 많이 서운했던 하루 77 | 아이는 성장하고 엄마는 흔들리고 79 | 못난 엄마 모습을 보이다 81 | 일터에서 가장 빛나는 존재 84 | 걱정하며 보낸 불안의 시간 86 | 고사리 손의 작은 재주 89 | 호기심 덩어리의 엄마로 산다는 건 91 | 늦은 밤, 작은 방의 열기 93 | 오늘도 마음 졸이던 시간들 95 | 생각, 언젠가는 날아오른다 97

3장

자녀를 키운다는 건 매일 놀랄 준비
시간이 간다

까만 밤을 하얗게 새우며 104 | 아이의 작은 행복 106 | 아줌마의 여유 있는 하루 108 | 따듯한 선물 110 | 아이와의 시간은 놀람의 연속 112 | 나이가 든다는 아름다움 115 | 혹시, 아이가 나를 키우는 건가? 118 | 마음에 위안이 되었던 곳 120 | 항상 말없이 쉴 곳이 되어주는 곳 122 | 회상. 이사 후 1년… 125 | 어린이날, 아이의 뒷모습 128 | 가족이라는 이름의 울타리 130 | 엉망진창 해맑았던 이벤트 133 | 아이가 있어 가족은 오늘도 웃는다 136

4장

밝아지는 하루하루가 더해가는 건
새벽

엄마라는 이름으로 산다는 건 142 | 닫았던 문을 열어 작은 세상으로 146 | 내 손으로 기쁨을 만들다 149 | 아기 오리, 엄마 오리를 보며 배우다 151 | 10과 100의 혼돈 153 | 작은 동네에 산다는 건 156 | 내가 또 뭔가를 해냈다 157 | 꼬물이와 같이했던 옛 동네의 시장길 159 | 나를 힘들게 하는 이 161 | 밝은 하루하루가 더해가는 건 164 | 이리 뛰고, 저리 뛰고 166 | 물 흐르듯 흘러간 하루 168 | 오고 또 오고 덥고도 덥고 170

5장

움직이는 하루가 미소를 만든다
겨울 바다를 그리며

오늘도 여지없이 징크스 176 | 편안한 딸 & 걱정 많은 엄마 179 | 하루 한 뼘씩 자라면 181 | 아픔을 안고 산다는 건 183 | 드라마에 빠지다 185 | 같이 한다는 건 정이 든다는 것 187 | 하루를 골똘히 집중하다 189 | 일상에서 잠깐 비껴나 보려 191 | 아침마다 어딘가로 향한다는 즐거움 193 | 우직한 남편과 기분파 아내의 하루 196 | 봉사회장님을 떠올리며 198 | 유쾌했던 꼬맹이와의 대화 200 | 세상이 내편이 될 수 있게 202 | 세상 자잘한 일들의 시작 205 | 아이의 선택과 결정 207

6장

지금을 건강한 생각으로 살기
별밭

첫 출발은 두려움과 설렘의 연속 214 | 과거, 고통의 기억 216 | 지금을 건강한 생각으로 살기 218 | 나, 작은 희망의 씨앗을 갖다 220 | 도심 속 작은 옹달샘을 찾아 223 | 회사, 조용할 날이 없다 226 | 성장하는 나 228 | 고사리 손도 보태야 했던 하루 230 | 내가 하고 있는 일에서의 보람 233 | 행복, 지금은 나에게 있다 236 | 겨울, 골목 동네에 산다는 재미 238 | 나의 큰 그림 무너지는 건가? 240 | 호수 위 백조처럼 242

7장

작은 세상이 꾸는 꿈은 그저 소박하다
반지

뒤돌아 보기, 앞을 내다보기 248 | 늘 같지 않은 연말 251 | 작은 세상이 꾸는 꿈은 그저 소박하다 254 | 추운 겨울, 딸에게는 좋은 추억이 되길 256 | 세상의 무게에 힘들어하는 이들에게 258 | 꼬물이, 나와 어깨를 나란히 하다 260 | 잔잔한 바다, 풍랑이 있을 때가 있듯 262 | 가시마음 그리고 가족 264 | 마음 샘을 찾아서 267 | 마음, 흐리기도 화창하기도 269 | 나도 입장 바꿔 생각해 보니 273 | 동네 작은 골목 상점의 숨은 이야기 275 | 10대를 오롯이 살아가는 딸내미 277

8장

난 오늘 나 스스로가 자랑스러웠다
가을 타는 남자

성장하는 아이를 지켜보며 282 | 아이의 눈높이, 어른의 눈높이 285 | 나 엉뚱한 일을 벌이다 287 | 오늘을 행복하게, 내일을 기대하고 289 | 가끔 나도 내가 감당이 안 된다 292 | 한 발짝 앞을 보며 294 | 나 스스로가 자랑스러웠다 299 | 하루를 밝게 열어주는 친구 303

프롤로그

하루의 작은 기쁨이 더해
변화하는 자신을 볼 수 있길 바라며...

    내가 살아온 이야기들을 담았습니다. 거창한 뭔가는 없는 그저 평범한 일상을 끄적이듯, 그림을 그리듯 쓴 일기입니다. 20대 젊은 시절 사고로 장애를 갖게 된 이후 나에게는 가능할 것 같지 않던 일들이 현실이 되어갔습니다. 그중 한 가지인 가정을 꾸렸을 때, 주위의 걱정보다는 내가 만든 내 보금자리라는 자부심만 컸었던 신혼의 시간이었습니다. 곧 태어난 예쁜 딸 아이로 인해 내 이름으로 사는 삶이 아닌 한 아이의 엄마로 살아야 한다는 부담감에 지치기도 무너지기도 했던 시간들을 거쳤습니다. 그때마다 날 잡아주고 응원해 준 고마웠던 남편, 점점 성장해 어느덧 단출한 세 가족이지만 집안 가득 웃음꽃 피어나도록 만들어준 소중한 딸, 경력단절로 마음이 작고 작아져만 가다 갖게 된 소중한 일터에서 겪었던 일들의 내용입니다.

    내가 결혼 후 걸어왔던 길이 쉽지만은 않았습니다. 겉으로 드러나든 드러나지 않든 무수히 많은 이들의 지지와 도움이 없었다면 불가능했을지도 모를 시간들이었습니다. 마음도 몸도 무너졌을 때 절망하며 주저앉아 있지만은 않으려 안간힘을 썼습니다. 편안함의 그늘을 알고 있었기에 움직여야 했고 순간순간의 어려운 상황에서도 내 입에서 거친 말이 나가지 않도록

세상은 온통 보물찾기 놀이터

굳게 마음을 다잡아야 했던 시간이 길었습니다. 내가 하는 말과 행동이 내 미래를, 내 가족의 미래를 결정할 수 있다는 생각을 했으니까요.

세상 곳곳 휘몰아치는 가시 같은 태풍에 힘들어하는 이들에게 일상에서 찾는 소소한 작은 기쁨이, 작은 호기심이 스스로를 일으켜 세울 수 있는 에너지가 된다는 걸 알려주고 싶었습니다. 이 책의 내 이야기들이 그랬던 시간들입니다. 아무것도 할 수 없을 것 같던 시간들 속에서 작은 기쁨을, 작은 호기심을 찾다 보니 어느덧 제가 저 스스로를 찾을 수 있었습니다. 힘든 시간 속에 있는 분들에게 조금이라도 힘이 될 수 있었으면 좋겠다는 작은 소망이 이루어지면 좋겠습니다. 심장이 뛰고 있다면 아직 당신은 세상을 밝히는 별입니다. 다른 사람들의 말보다는 자신을 찾는 당신이 되었으면 합니다.

내가 책을 내는 게 현실이 될 줄 몰랐습니다. 그저 지나간 하루를 잊지 않기 위해 썼고, 이다음 아이에게 엄마가 지나온 발자취를 보여주고자 썼던 글이라 화려하지 않습니다. 소소한 작은 일상, 그 속에서 갖게 되는 큰 기쁨, 가슴 아파 흘리던 눈물이 다 이 일기에 담겨 어느덧 블로그로 쓴 내 일기가 보물이 되어 있었습니다. 그 보물창고를 활짝 열기까지 쉽지는 않았지만 내 작고 작은 글들을 책으로 내주시겠다는 출판사 미다스북스 관계자님들의 적극적인 지지로 드디어 나도 책을 출판하게 되었습니다.

첫 책을 내게 된 김현정입니다.

1장

천천히 걸으면 보이는 작은 세상

하루의 낙서

김현정

글로 그림을 그리고 싶어요
글재주가 있는 건 아니지만
마음이 예쁘거나 그런 것도 아닌데

하루하루 똑같지만 전혀 똑같지 않은
소소한 일상들을 글로 그리고 싶어요

만나는 사람들의 독특한 표정, 행동
작은 차이지만 저는 잘 보여요
그런 것들을 살피며 오늘 그 사람의 기분도
생각해 보게 돼요

오늘은 짝꿍이
오전에 많이 힘들었어요
출근하자마자 경쾌하게 인사하는 나와 달리
짝꿍은 다른 날보다 특별하게 더 차분하고
기분도 가라앉은 듯했어요

짝꿍의 기분을 살펴주는 내 말에
짝꿍은 살포시 미소 지으며
소소한 속내를 이야기하고

그 후로는 차츰 평상시 짝꿍으로 돌아갔어요

제 옆에는
포인세티아 화분이 놓여있어요
처음 이 화분과 마주했을 때는
강렬한 빨간색으로 내 시선을 끌었어요
강렬하고 열정적이기만 할 것 같던
포인세티아
이젠 회사 뒷마당 신세가 되기 직전이에요

오늘 제 모습은
비 또는 눈이 오는 날을
하늘이 주는 특별한 선물이라고 생각해서
기분이 살짝 들떠 있어요
그리고 이 들뜬 기분을 살짝 진하게 덧칠하는
커피를 홀짝이며 여유를 즐기고 있고요

공간이라는 캔버스에
이러저러하게 소소히 엮여 있는 이야기들로
오늘은 글로 그림을 그려봅니다

천천히 걸으면 보이는
작은 세상

2017.04.13.

날씨 : 비 그리고 맑음

내가 살이 많이 쪄서 숨도 가쁘고, 몸도 무겁고, 호흡도 많이 짧아지는 등 여러모로 건강에 적신호가 왔다. 급기야 얼마 전에는 어지럼증으로 병원을 갔더니 고지혈에 당뇨까지 있다는 말을 듣게 되어 깜짝 놀라고 말았다. 이러다가 내 나이 50도 못 넘기겠다는 생각이 들기 시작해 한 달여 전부터 채식 위주로 먹기 시작하고 있다. 그리고 일주일 전부터 집에서 대형마트까지 밤산책도 하고 있다. 그랬더니 신기하게도 모든 적신호가 점점 사라지는 걸 확연하게 느낀다. 가끔 많이 먹고 싶을 때는 살짝 과식도 할 때가 있지만 예전보다 그런 일들이 많이 줄었다. 그리고 배가 고프지 않아도 심심하면 먹게 되는 버릇이 점점 움직임으로 바뀌니 이번에는 다이어트가 좀 되는 것 같다.

오늘 특단의 조치를 내렸다. 퇴근 후 30분 정도를 걸어서 버스를 탔다. 걷다 보니 내가 그동안 보지 못하고 살던 건물, 사람들과 여러 가지 가게를 볼 수 있어 더 재미있는 퇴근길이 되었다. 큰 대로변이 아닌 골목길은 과일 파는 아저씨, 유치원에서 아이를 데려가는 아주머니, 식당에서 일을 하다 잠깐 나온 앞치마를 두른 연세 지긋하신 사장님 등 사람 사는 모습들이 하나 같이 아기자기하고 생동감이 있었다. 그간 꽃구경에 목이 말랐다. 오늘 골목골목 자리 잡고 있는 꽃들은 그저 내 눈이 호강하는 날이었다. 사랑스러워 보이는 꽃들이었다. 골목길의 풍경은 나를 초등학교 저학년의 마음과 눈으로 되돌려 놓기에 충분했다. 그리 30여 분을 걸으니 어느새 목적지다.

버스에 올라 낯익은 풍경을 보며 차를 타고 지날 때와 달리 저 풍경 너머에는 지금 보다 더 멋진 풍경이 자리하고 있겠거니 하는 생각에 어느새 마음은 그곳으로 향한다. 집으로 오는 골목길을 들어서니 집 앞 우리 차에서 남편이 내린다. 나를 태우러 갔었나 보다. 내가 걸어온다는 말이 미심쩍었던 게 분명하다. 딸도 내린다. 딸까지 갔었구나. 내심 딸이 실망스러웠겠다 싶어 오늘 걸었던 일을 자랑삼아 늘어놓았다. 재미있어 한다. 내가 가족들에게 내가 걸었던 그 시간들을 재미있게 이야기해야 나도 내 이야기에 취해 그 길이 내일도 기대가 될 테니까. 샤워를 하고 저녁밥을 먹은 후 성당에서 있는 성삼일 미사에 참석한 뒤 또 20분 정도를 걸었다. 집에 왔을 때 몸 여기저기 안 아픈 곳이 없다. 그래도 내 얼굴은 미소가 걷히지 않는다. 여행을 다녀온 듯한 기분일까? 걷는 게 이리도 좋은 것이라는 걸 10여 년 만에 다시 깨닫게 된 하루다. 다음에는 가족 모두 걷는 날이 왔으면 좋겠다. 오늘 내가 느낀 그 느낌을 이 황금 같은 봄날 가족과 느끼고 싶다.

   나는 내일도 그리고 그다음 날도 계속 걸을 것이다. 그리하여 몇 개월 후에는 회사에서 집까지 한 시간여 거리를 걸어보고 싶다.

도서관을 갈 때, 숲 속 나무들과
같이 하고 싶을 때마다 가던 길입니다.

작은 불꽃이
우리 가족에게도 전해지다

2017.04.14.

날씨 : 걷기 좋을 만큼의 비

목요일부터 토요일까지 밤 8시에 있는 성삼일 미사 마지막날, 아이와 저녁식사를 하고 성당으로 향했다. 성당 현관에 들어서자 예쁜 색의 봉헌 초를 팔고 있다. 다름 아니라 오늘 있을 미사에 쓰일 초였다. 아이와 하나씩 사서 본당으로 오르니 어느새 많이 와 있는 신자들로 가득했다. 오늘도 멋진 미사가 치러질 것 같았다. 곧이어 시작된 미사는 불이 완전히 꺼진 상태에서 시작되었다. 동요 없이 고요하고 성스러운 어둠 속을 밝히는 작은 불빛이 복사들과 사제행진에서 이어졌다. 하얗고 작게 피어나는 연기는 성스러움을 더욱 은은하고 고요하게 만들었다. 어둠 속에서 바라 보니 하얀 복사 옷을 입은 복사들이 불꽃을 신자들에게 나누어 주고 있다. 나뉜 불씨는 물결이 되어 천천히 본당에 있는 신자들 모두에게 전해졌다. 봉헌 초 불빛으로 가득 채워진 본당은 어느새 환하게 어둠을 밝히며 아름다운 미사가 이어졌다. 신자들의 온화한 성가가 좌우교성으로 이어지고 착석과 입석이 반복되면서 미사의 멋스러움을 다시 한번 느끼게 되었다.

나는 천주교 신자이긴 하지만 열심히 다니는 편이 아니다. 조용히 어린이미사 정도만 간신히 참석했었다. 간혹 교중 미사에서 느끼던 웅장하고

마음을 담아내는 멋진 미사를 접할 때

'아 참으로 좋다.'

정도였다. 하지만 이번 성삼일미사는 그 정도를 훨씬 넘어서는 큰 물결이 내 마음을 통째로 움직이게 했다. 그 속에 나도 일원이 되어 곧고 바른 자세와 흔들리지 않는 눈빛으로 정면을 응시했다. 그리고 마음에서 우러나오는 나의 큰 에너지를 뿜어내며 참여하고 있다는 사실이 자랑스러웠다. 아니 뭉클할 정도로 짜릿했다. 아이도 이 모든 걸 다 느끼지는 않더라도 내 옆에서 뭔가 느껴지는 에너지의 잔상이 있었던 걸까? 표정도 자세도 나를 닮으려는 듯 바르다. 철없는 아이들이 교중 미사에서 보이는 몸의 꼬임도 지루하다며 찡그리는 얼굴도 없다.

미사가 끝나고 나오는 길에 남편에게 전화를 하니 성당 옆 놀이터에서 우리를 기다린다고 한다. 기다린다는 남편이 있어 마음은 더 신이 났다. 발걸음까지 가벼워졌다. 아이와 함께 남편을 만나 이런저런 담소를 나누며 집으로 향하던 중 마트를 운영하시는 자매님과 형제님을 만났다. 우리 가족이 좋아 보였는지 덕담 한마디 해 주신다. 고마운 말들 속에 내 어깨가 으쓱해지며 표정이 밝아진다.

아! 이런 기운을 받기 위해 주말마다 성당을 나와야 하는구나 하고 느끼는 밤이다. 오늘 같은 밤만 계속된다면 요즘 마음이 작아진 내가 넓은 세상이 두렵지가 않을 것 같다.

봄에 대한 엄마 생각, 아이 생각

2017.04.15.

날씨 : 하늘은 맑음, 딸아이는 흐림

　　어제의 미사로 고단했나 보다. 10시쯤 눈을 뜨고 미적거리며 일어나 밥 한술 떴다. 오늘 일정이 좀 빠듯한 듯하다. 일단 점심을 먹고 이런저런 일정을 소화한 후 텃밭에 가려고 계획을 잡은 터라 세 식구가 같이 움직여야 했다. 나는 나름 텃밭일정을 봄소풍으로 여겨 마음이 두둥실 떠있었지만 내 계획을 들은 딸의 표정이 좋지가 않다. 오늘은 외출을 안 하겠다고 선언해 버린다. 달래 보았다. 소풍인데 좋지 않냐, 채소들 얼마나 자랐나 봐줘야 하지 않냐, 꽃구경도 하면서 봄 좀 느껴보자고 해도 딸은 집에서 나가지 않겠다고 고집을 부린다. 그러기를 한참 실랑이하다 아이가 울게 되었다. 나는 차분히 내 할 일을 하고 있었다. 얼마 후 울던 아이는 신발을 신고 나가면서 운다.

　　'아하, 같이 소풍 가려는 거구나!'

　　했는데 아이가 걸어가는 소리가 들렸다.

　　뭐지? 하는 마음으로 도시락 준비와 소풍에 필요한 물품을 준비하고 밖으로 나왔다. 아이가 없다. 아이 이름을 불러도 대답이 없다. 놀이터도 가봤지만 아이가 없다. 딸의 친구들에게 전화를 했다. 그러던 중 ○○이라는 딸의 친구에게 전화를 하니 ○○이가 머뭇거린다. 곧이어 옆에 있는 딸과 통화하라며 전화기를 건넨다. 휴, 마음을 쓸어내리는 순간 딸의 밝은 목소리가 내 귀로 전해졌다. 얼마 전 까지만 해도 울던 아이가 목소리가 밝다. 순간 든 생각으로 딸의 친구 ○○이와 같이 텃밭을 가기로 약속하고 오늘 일정에 대한 계획 세우기를 마무리를 했다.

　세 시쯤 아이들과 우리 부부가 텃밭으로 향했다. 사람들이 많지 않아 한적했다. 얼마 전 내린 비 때문인지 새싹들이 제법 자라 있었다. 특히 시금치는 많이 자라 있었다. 점심도시락을 펼쳤다. 간단하게 꾸려 온 도시락이지만 텃밭에 차려 놓으니 생각했던 것보다 더 진수성찬에 제법 맛이 일품인 점심식사가 되었다. 아이들 먹는 모습도 예쁘고 날씨도 좋으니 금상첨화다.
　아이들이 재잘거리며 텃밭에 자리를 잡고 앉아 호미로 흙을 파기도 하고 돌로 집도 만들며 노는 모습을 감상만 하는데도 편안하다. 아이가 흙을 만지며 잡풀을 뽑고 채소를 키우는 그 순간순간들을 몸으로 눈으로 느끼게 해주고 싶었던 목마름이 있었다. 그 목마름이 오늘 텃밭에서 잘 노는 아이를 보며 해소되었다. 어느새 시간이 가버려 여섯 시쯤 되어 집으로 돌아왔다. 다음에도 또 다음에도 내가 누리는 오늘 같은 봄이 계속되길 바라본다.

두 손 바지런히
추억을 되짚다

2015.04.16.

날씨 : 눈 부시게 맑던 하루

　외출을 하지 않기로 아이와 약속을 해서 오늘은 집에서 옷정리를 하기로 마음먹었다. 창고에 있는 무거운 옷상자를 남편이 꺼내 주어 그나마 큰 수고는 덜었다. 옷장 앞에 자리를 잡고 앉아 상자에 있는 하절기 옷을 꺼내다 보니 옷이 생각 외로 많다. 참으로 많다.

　아이가 3~5세까지 작은 아파트에서 살 때, 아이는 커가지만 넉넉지 않은 살림으로 아이 옷 사 입히는 건 우리에게는 무리였다. 그나마 아이 사촌언니에게서 물려받는 옷으로 입히고 있었지만 조카의 덩치가 워낙 커서 우리 아이에게는 이젠 그 옷들도 무리이기 시작할 때 항상 내 기도는

　'우리 아이 옷 좀 생겼으면 좋겠다.'

　였다. 그렇게 기도하기를 몇 달, 어디서부터 인지 언제부터 시작되었는지는 모르겠지만 누군가가 주기 시작한 옷은 이젠 시누집을 제외해도 세 곳의 집에서 주고 있다. 그나마도 한 집은 이제 우리 집에는 여유가 생겼으니 다른 집 아이에게 도움을 줬으면 좋겠다고 정중히 거절하는 단계에 이르렀다. 참, 기도의 힘은 크기도 하다. 그리고 신기하다. 내 기도가 실제로 이루어졌다는 게 아직도 신기하다.

많은 옷 중에서 꼭 입을 수 있는 것들만 남기고 다른 옷들은 초록색 봉투에 담아 내놓기로 했다. 그렇게 정리하다 보니 남편은 시동이 걸렸는지 그동안 못 버리고 있던 물건들을 내놓기 시작했다. 시할머니 쓰시던 이불들, 덮지 않고 쌓아만 두었던 이불과 쓰지 않는 가재도구들이었다. 우리 집에 이런 많은 것들이 자리를 차지하고 있었다는 게 가히 놀라웠다. 이사 갈 때나 정리하자던 짐들 중에서 일부를 정리하는 데도 쓰지 않는 짐들이 이리도 많다는 데 더 놀라웠다. 정작 이사할 때는 얼마나 많이 나올지 상상이 되질 않는다. 정리를 끝내고 잠시 쉬었다가 집을 둘러보니 어쩐지 좀 홀가분하다는 생각이 든다.

옷 정리가 다 끝나고 지난번 아이에게 약속했던 핫케이크를 해주기 위해 장을 봐왔다. 핫 케익 굽는 게 익숙지 않아 처음에는 덜 익기도, 까맣게 태우기도 했지만 결과적으로 그나마 먹을 만한 몇 개는 건졌다. 핫케이크를 먹으며 아이 기도문 외우기, 교리숙제도 책을 찾아가며 하고, 성경 필사도 하다 보니 시간이 많이도 갔다. 저녁밥상을 물리고는 아이의 학습지 공부까지 봐주다 보니 하루 종일 종종거리는 마음으로 얼렁뚱땅 그 많은 일들을 해치운 것 같다. 처음 이것저것 해야지 생각했을 때는 생각만으로도 피곤하고 너무 큰 산처럼 느껴졌었다. 하지만 어느새 모든 일이 내 손에서 끝나고 나자 나 일 좀 하는 대한민국 아줌마의 딱 그 모습이다. 참으로 신기하다. 이렇게 많은 일들 중에 어느 한 가지도 서두르지 않고 물 흐르듯 자연스럽게 하게 되는 것 같다.

봄이다. 봄이긴 봄인가 보다. 나도 이렇게 생기가 샘솟는 걸 느낀다. 정말 봄인가 보다.

내 작은 손,
좋은 일에 보탬이 되다

2017.04.21.
날씨 : 맑음

　봄날을 흠뻑 만끽하며 요즘은 한가한 나날을 보낸다. 요즘 사무실에서도 집에서도 그리 바쁘지 않다. 단지 아이가 성당에서 받고 있는 첫 영성체 교리라는 숙제만이 나를 집중하게 만든다. 성당에서 자모회 모임이나 첫 영성체 자모모임에서 하는 부엌일에 나는 처음부터 참여를 하지 않으려 했다. 왜냐면 고된 노동일로 바쁘신 자모들 틈에 내 불편한 몸으로 할 수 있는 일들이 별로 없어 보였다. 혹시 나로 인해 오히려 걱정을 끼칠까 하는 생각이 앞서 서였다. 그런데 오늘 있을 첫 영성체 자모모임 단톡방에 성당으로 갈 수 있다는 자모들의 톡이 별로 없었다. 왠지 불안한 마음에 도움이 안 되더라도 일단 가보고 결정을 하기로 했다.

　6시 퇴근을 하고 바로 성당으로 향했다. 성당에 도착해서 반사적으로 딸아이가 어디 있나 두리번거렸다. 아이는 친구와 잘 놀다가 엄마를 발견하고 와락 품에 파고든다. 성당에서 엄마도 다른 엄마들처럼 부엌일을 한다는 것에 아이는 상당히 좋아하는 눈치였다. 부엌에 있는 자모들은 생각보다 많이들 와 계셨다. 다들 마파두부 밥을 해놓고 식사를 하고 계셨다. 나도 뒤섞여 밥을 먹었다. 얼마 만에 와 보는 부엌인지 가물가물하다. 자모님들도 처음 뵙지만 반갑고 푸근하다. 내가 할 수 있는 일이 한정이 있기에 싱크대를 차지하고 설거지를 시작했다. 부엌일에서 내가 제일 잘할 수 있는 일이 설거지라 먼저 자리를 잡은 것이다.

평소 집과 회사만 오가다 보니 별달리 따로 만나는 사람들이 많지 않았다. 회사와 집이라는 공간이 소중한 곳이다. 하지만 이 두 곳에서 나눌 수 있는 대화는 한정적이라 항상 뭔가 부족하다 느끼고 있었다. 익숙하지 않던 성당이라는 곳, 처음 내가 적응하기에는 문턱이 높다고 느꼈었다. 몸이 불편한 내가 쉽사리 뭔가를 하기에는 어렵다고 생각해 모임에 들지 못했었다. 하지만 몇몇 나를 이끌어 주신 자매님들로 인해 들게 된 자모회 모임에서 그간의 걱정과 달리 순조롭게 모임을 이어 나갔다.

밥봉사에서 내가 뭘 할 수 있을까? 내가 혹시 문제만 일으키는 건 아닌가 주저하기도 했던 순간들 속에 보물 같은 일이 보였다. 바로 설거지, 그 설거지만큼은 할 수 있겠다는 생각에 자리를 차지하고서는 해냈었다. 그렇게 하다 보니 나도 해냈다. 나도 봉사라는 걸 시작하게 되었다. 이 봉사를 하는 그 순간은 희열이었다. 끝나고 나면 몸이 많이 고되었지만 그 짧은 희열이 남기는 만족감으로 그 다음번에도 또 그 다음번에도 봉사할 마음이 커졌다.

부산했던 부엌일이 끝나고 첫 영성체 자모회 자모들과 홀에 앉아 이것저것 이야기를 나눴다. 같이 있던 자모들은 더러 서로 아는 사이로 보였다. 나도 전혀 어색함이 없이 이야기에 어울렸다. 아이들을 계기로 알게 된 마음 고운 자매님들로 인해 내가 그동안 비어 있다 느꼈던 마음이 채워졌다. 성당에서 나와 따뜻한 눈빛을 교류하는 모든 이들이 좋다. 감사하다. 이들로 인해 일주일이 즐거워진다. 예전에 느꼈던 성당이 어렵다는 기분도 다 사라졌다. 이런 게 은총인가 싶다.

첫 영성체 교리와 미사가 끝난 아이가 내려왔다. 아이의 표정도 몸도 가벼워 보였다. 오늘은 엄마가 성당에 일찍 와서 더 좋았다고 한다. 길고 긴 교리를 받느라 힘들다면서도 밝아 보였다. 둘이서 밤길을 걸으며 집으로 오는 길에 아이와 이런저런 이야기를 하며 걸으니 밤이 더 예쁘게 우리를 품고 있는 듯하다.

딸아이의 첫 영성체,
성당에서 내 아이가 가장 예뻐 보이던 순간입니다.

잡념이 나를 삼킬 때면

2017.05.01.
날씨 : 햇살 좋은 날

　큰 공사를 또 시작했다. 그 공사는 옷을 만드는 일이다. 천과 재봉도구, 재봉틀을 다 꺼내 와서는 온 방안을 잡동사니로 차려 놨다. 따끈따끈해진 다리미로 하얀 천을 쓱쓱 다리다 보면 그동안 숙제로 생각해서 구겨져 있던 내 마음도 판판하게 다려지는 듯했다. 내가 예전에 배웠던 옷 도안 그리는 방법을 잊어버려 기존에 아이가 입던 옷을 대고서는 본을 떴다. 그리고 차츰차츰 모양이 그럴싸한 옷 모양이 나왔다. 도안대로 자른 천을 찬찬히 바라봤다. 반은 벌써 완성한 것 같아 마음이 들떴다. 실로 뜸 선도 뜨고 시침 핀도 꼽고 하니 정말 이번에는 좀 제대로 된 절차대로 한다는 기분이 든다. 예전 첫 번째 원피스에서는 옷 만들던 기억이 나지 않아 그냥 주먹구구로 만들어 결과가 엉망이었다. 하지만 이번에는 뭔가 좀 되는 느낌이다.

　드디어 재봉틀로 드르륵 박기 시작했다. 옆에서 딸아이도 가방을 만든다며 열심히 한다. 역시 보여주는 교육만큼 좋은 게 없는 것 같다. 나는 나 대로 재미있어서 하는 일이지만 아이는 또 다른 재미를 느끼나 보다. 내가 만드는 옷 만들랴, 아이가 만드는 가방 봐주랴 몸이 두 개처럼 움직였다. 시접까지 잘 박고 나니 세네 시부터 시작한 옷 만들기는 여덟 시가 넘어서 중간 마무리가 됐다. 아이 아빠도 내가 어떤 일에 몰두하는 모습이 보기 좋았는지 기분이 들떠 있는 듯했다. 어느 정도 기본 마무리가 된 듯할 때 아이에게 입혀봤다. 입는 것도 수월하고 모양도 그럴싸하게 나왔다. 그런데 뭔가 기술이 좀 더 필요한 듯하다. 다음번에는 좀 더 기술을 익혀서 또 만들어 봐야지 하는 생각이 든다. 긴 시간 동안 한 자리에서 이 작업들을 해내느라 몸이 쑤셔왔지만 내가 뭔가를 해냈다는 기쁨에 몸의 통증 따위는 어딘가로 사라지고 없었다. 내 희열이 통증을 이겼나 보다.

그러고서 주변을 둘러봤다. 재봉틀에 재봉함, 천 조각들과 많은 실들, 가위와 다리미…. 어디 하나 발붙일 곳이 없을 정도로 잡다하게 널려 있었다. 하지만 전혀 기분이 나쁘거나 화가 나거나 하지 않고 오히려 이 많은 걸 하나 둘 치울 생각만으로도 즐거웠다. 그저 내가 뭔가를 이뤄냈다는 기쁨이 더 크기 때문에 청소도 즐기며 하게 되는 에너지가 생긴다.

당황스러웠던 하루

2017.05.03.
날씨 : 여유롭게 맑은 날

부처님 오신 날, 공휴일이다. 딸과 애아빠가 남편의 친구들과 함께 1박 2일 가족동반 낚시여행을 갔다. 태안의 ○○펜션, 내가 그토록 가고 싶던 곳이다. 작년에 갔을 때 참으로 좋았던 기억이 있어 나도 가고 싶었지만 직장 출근을 이유로 나는 이번에 빠지게 됐다. 내가 못 간다는 걸 알게 된 딸이 펑펑 울며 엄마가 안 가면 저도 가지 않겠다고 어깃장을 부린다. 아이를 살살 달래고 달래서 옷가지와 세면도구, 선 크림 등을 챙겨주며 재미있을 거라 부추겨주니 아침에 아빠를 따라 잘 나섰다.

가고 난 빈집은 휑하다. 오롯이 이 공간을 나 혼자 차지하고 있다. 평상시 많지 않은 식구들인데 뭔가 부산스럽고 바쁘던 일상에서 갑자기 덩그러니 혼자인 듯한 시간이 되었다. 뭔가 박하사탕을 한 움큼 먹은 듯 시원하다. 이 소중한 혼자만의 시간을 어떻게 보낼까 궁리를 했다. 에잇! 평상시 마음껏 누리지 못한 게으름으로 오늘을 채워보자는 생각이 들자마자 침대로 향했다. 이전과 같은 침대인데, 분명 똑같은 침대인데도 뭔가 더 포근하고 아늑했다. 이런 게 바로 엄마들이 누리는 '황금 같은 하루'가 아닐까?

노곤하게 잠을 자고 있었나 보다. 갑자기 어디선가 '똑똑' 소리가 들리기 시작했다. 자세히 살펴보니 형광등 바로 옆에서 물이 떨어지고 있었다. 큰일이다. 바로 전기라는 전기는 모조리 끄고 남편에게 전화를 했다. 내가 다소 걱정스러운 목소리로 전화통화가 시작되자 남편이 긴장한 목소리로 대답한다. 차분해야지, 이럴수록 차분해야지. 집의 상황을 다 들은 남편이 지시하는 대로 전기 단자함의 버튼을 다 내리고, 전기코드도 몽땅 찾아서 뽑아버리고 나자 그나마 좀 전까지 바늘처럼 곤두섰던 불안과 초조함은 좀 누그러졌다. 다행이다. 집주인에게도 알려 조만간 들를 거라는 남편의 말이 있고 나서야 진정된 마음으로 전화를 끊을 수 있었다. 휴!

물이 떨어지는 안방에서 내가 필요한 휴대폰 등을 챙겨 작은 방으로 옮겼다. 작은 방에 누워도 마음이 편치 않았다. 그렇게 얼마의 시간이 지났을까? 어머나, 천장에서 떨어지는 물이 거의 수돗물을 콸콸 틀어 놓은 듯 물줄기 소리가 요란하게 들렸다. 다시 남편에게 전화를 했다. 무서웠다. 어떻게 밤을 보내야 할지.

금방이라도 집이 무너질까 봐 노심초사하며 당장 쓸 물건들을 작은방으로 옮기고 오지 않는 잠을 청했다. 밤새 놀라 커진 눈을 껌벅거리고, 콩닥거리는 심장을 달래 가며 밤을 지새웠다.

작은 미소,
해피 바이러스가 되어

2017.05.04.

날씨 : 사람들의 표정으로 봐서 좋았던 날

어째 오늘은 다른 날보다 더 바빴다. 일을 보려는 사람들이 많이 와 바쁜 일과를 보냈다. 다들 쉬는 날이라 한가할 줄 알았는데 그게 아니었나 보다. 그러던 중 카톡 한 통이 왔다. 무슨 내용인가 무심히 카톡방을 클릭했다. 아이의 사진에 내 눈이 커지고 입이 벌어지도록 놀랐다. 딸아이가 갯벌에서 조개를 잡다가 포즈를 취하고 있는 사진이었다. 나는 너무 기뻐 광대 승천할 정도로 표정이 춤을 췄다. 그동안 갯벌에서 조개를 잡는 체험을 꼭 시켜주고 싶어 여러모로 궁리했지만 쉽지 않았었다. 그게 이루어진 것이다. 정말 기뻤다.

하늘이 우리를 도우시는구나 생각까지 들었다. 점심을 먹고 나른한 오후를 보내던 중 또 카톡 사진이 여러 장 왔다. 이번에는 아주 큰 물고기를 낚시하는 과정을 한 장 한 장 담아서 찍은 사진이었다. 그 사진들 중에서 20센티미터쯤 하는 도다리를 잡아서 흔히 강태공들이 본인이 잡은 물고기를 자랑 삼아 찍은 사진처럼 우리 딸이 그 포즈를 취하고 있었다. 내 얼굴에 번지는 웃음은 급기야 소리로 전달되어 주위 직원들에게 자랑을 늘어놓았다. 훌륭하게 자라는 우리 딸이 고맙고 그렇게 키워주는 남편이 고마웠다.

그간 인생 선배님들이 많이 말씀하시던
'잘 커가는 아이를 보면 밥 안 먹어도 배가 부르다.'
는 말이 어떤 말인지 절절하게 알 수 있었다. 아이가 웃는 얼굴 한번 보는 순간은 열의 고생도 다 녹일 해피 바이러스였다. 그저 별 게 아니어도 세상을 살다 보면 얼굴 찌푸리는 날이 많다. 하지만 아이가 말똥말똥 맑은 얼굴로 불러주는 '엄마'라는 한 마디, 환하게 웃는 아이의 웃음 한 번에 그저 지난 고생은 다 잊게 되는 참으로 신비로운 힘을 가졌다. 우리 아이는 분명 하늘에서 우리 부부에게 주신 선물이란 걸 오늘도 실감한 날이었다.

    퇴근 무렵 딸아이는 갯벌 훈장들을 여기저기 묻히고서 내가 일하는 사무실로 들어왔다. 같이 근무하는 직원들과 인사도 나누고 팀장님 두 분의 양해를 구해 내 옆자리의 빈 의자에 앉아 엄마가 일하는 모습을 곰곰이 지켜봤다. 민원인들과 대화를 나누며 일하는 모습을 보는 아이가 있어 나는 여느 때와는 살짝 다른 마음이 들었다. 하지만 든든한 응원군이 옆에 있으니 나는 더 힘이 나서 밝고 활기차게 일을 할 수 있었다. 집으로 오는 길에 아빠와 같이했던 여행에서의 다양한 체험을 아이가 신나 하며 하는 이야기를 들으면서 나도 신이 나 시간이 가는 줄 몰랐다.

    낚시여행에서 재미있게 놀았던 건 아이였지만 아이의 그 재미있었던 시간으로 아이의 부모인 우리가 더 행복한 얼굴로 하루를 마무리했다. 옆에서 단잠 자는 아이의 표정을 보며 또 한 번 하늘에 감사를 표했다.
    이렇게 예쁜 아이를 주셔서 감사합니다.

아이의 첫 낚시, 아이가 낚은 게 물고기가 아니라 자신감이었습니다.

땀 흘린
하루의 만족

2017.05.06.

날씨 : 반갑지 않은 봄의 황사

지자체에서 하는 텃밭을 분양받았다. 작은 밭이지만 일을 하러 가야 했다. 텃밭을 처음 시작할 때는 가벼운 마음으로 아이에게도 좋은 경험을, 우리 부부에게는 소일거리로의 재미라는 가벼운 마음으로 시작했었다. 하지만 이게 은근 매주 가서 꼭 해야 하는 묵직한 의무가 되어가고 있었다. 아니, 더 정확하게 말하자면 밭을 가기 전까지는 무거운 마음이 들었다가 막상 밭에 도착하고 나면 농사꾼의 그 마음이 되었다.

'내가 왜 더 자주 오지 않았을까? 가서 물도 주고 풀도 뽑으며 밭을 일구는 보람 있는 일을 왜 미뤘을까?'라는 마음이 들었다.

오늘은 집에서 출발하기 전 농사짓는 아줌마 복장으로 갖췄다. 거기다 호미도 새참거리도 챙기다 보니 딱 시골 농사짓는 우리 친정엄마의 모습이 나에게서 보인다. 괜찮다. 꽤 괜찮다. 풋! 푸근하니 좋다. 호미로 풀도 뽑고 상추와 쑥갓의 새싹들이 빽빽하게 자라 새싹을 듬성듬성하니 솎아 내기도 했다.

고추도 모종을 사서 열심히 심었다. 모종은 작은 판 한판에 5,000원이었다. 이 고추 모종을 살 때 고추 모종의 값이 비싼지 싼지도 모르는 나는 모종을 파시는 아저씨가 나를 아무것도 모르는 그저 풋내기로 볼까 하는 생각이 들었다. 그래서 난 결코 그리 물렁한 아줌마가 아니라는 걸 보여주기 위해 값 흥정을 해 볼 양으로

"너무 비싸요. 좀 깎아주세요."

라 기세 좋게 아저씨에게 당당히 요구했다. 이런 내 모습을 보신 아저씨는 오히려 날 아무것도 모르는 아줌마처럼 보며 어처구니가 없다는 듯 실소를 보이셨다.

"아니, 여러 판 사는 것도 아니고 고작 한 판 사는데 비싸요?"

차리리 말을 하지 말았으면 좋았을 것을….

그렇게 고추 모종을 텃밭으로 가져가 고랑에다 심기 시작했다. 아이도 고사리 손으로 고추 모종 심는 것을 도왔다. 작은 일손이지만 나름 큰 도움이 되었다. 고추를 심고 난 후 다리가 꽤나 아파왔다. 하지만 뭔가를 해냈다는 성취감이 더 좋았다. 아이와 고추 모종을 심으며 '아이에게 이렇게 하는 오늘의 일들이 이다음에 소중한 추억으로 남을까?' 싶었다. 자그마한 손을 움직여 서툴지만 하나하나 고추 모종을 심는 모습이 그저 대견해 내 얼굴이 활짝 펴졌다. 남편은 어쩌는지 슬쩍 고개를 들어 바라봤다. 폰 카메라로 이 모습을 담기에 바쁘시다. 이 모습이 그저 예쁘게 느껴져 고이 남기기 위해 찍나 보다.

아우! 옆에서 이렇게 저렇게 코치하시는 그 사진 찍으시는 감독님 때문에 귀가 조금 아팠던 것 빼고는 다 좋았던 하루였다.

작은 동네의
소소한 즐거움

2017.05.27.
날씨 : 걷기 좋은 날

　항상 주말에는 늦잠을 자는 특권을 누렸다. 주중에는 일찍 일어나 아직 몸에 밴 잠 부스러기를 털고 비틀거리는 걸음걸이로 세면 투어를 시작한다. 그러다 보면 점점 빨라지는 손놀림에 마음까지도 바빠지고 결코 기분 좋은 편안한 아침은 아니었다. 그래서 금요일부터는 창문을 최대한 어둡게 하고 잠이 든다. 드디어 토요일, 아침 일찍 눈이 떠져도 일어나지 않고 또다시 눈을 감는다. 그렇게 게으른 주말 아침을 보내다 보면 하루가 짧다.

　오늘은 평상시 토요일과는 다른 하루로 시작했다. 이른 아침부터 걸어서 30여 분 걸리는 곳에 벼룩시장이 펼쳐진다는 소식을 접하고 구경을 가기로 했다. 남편과 아이가 같이 걷던 게 언제 적이었는지 기억이 가물가물하다. 오늘 이렇게 셋이서 걷는 시간이 얼마나 좋은데, 몰라주는 식구들이 때로는 많이 원망스러웠다. 하지만 오늘 같이하는 이 산책으로 모두 사하노라(내가 이래도 되나 모르겠네).

　우리 동네 골목길을 지나 아름드리 우거진 가로수길과 건물들을 지나며 천천히 걷는 길이 상쾌했다. 출근할 때의 동네 풍경과는 달라 보인다. 꽃향기도 느껴지고 공기도 시원하고, 주변에 짙은 녹음을 자랑하는 나무들로 인해 눈이 편안했다. 샘터공원에 물 길으러 오신 어르신들 모습, 토요일이지만 문을 연 카센터 직원들, 거리를 걸으며 마주치게 되는 낯선 동네 사람들도 다들 주말이지만 나처럼 얼마 전까지 침대에 누워있던 모습은 아니다.

이른 아침이 주는 에너지를 흠뻑 느끼며 어느새 벼룩시장, 이곳에 도착했다. 벌써 판매할 물건과 옷가지들을 정리하고 팔 물건들의 가격을 붙이며 활기를 띠고 있다. 벼룩시장이라 큰 기대는 안 하고 그냥 구경만 해야지 하며 가벼운 마음으로 벼룩시장으로 들어갔다. 그러나 금세 가게마다 특색 있는 물건들을 그냥 지나치지 못하고 하나하나 만져도 보고 얼마나 썼던 건지, 누가 썼던 건지, 가격 흥정까지 하고 있는 날 발견한다. 꼭 살 것도 아니면서 이것저것 물어봐도 주인장은 전혀 귀찮아하지 않는 눈치다. 오히려 주인장 식구들의 손때가 묻어 있는 물건에 관심을 가져주어 행복해하는 표정으로 이야기를 들려준다. 한 아저씨와 열두셋 정도 된 남자아이가 파는 곳에서 약간 오래된 듯한 스탠드를 발견했다. 내 취향과 잘 맞는 듯해 아주 싼 가격에 샀다. 요 녀석 벌써 우리 집 식구인 듯하다.

아이는 오래된 물건에는 관심이 없었다. 그저 예쁘고 귀여운 토끼 봉제인형에 눈이 가 있었다. 엄마의 호통이 무서워 한번에 사달라 말은 못 하고 그저 그 봉제인형을 파는 주인장 앞에 앉아 그 옆을 지키는 남편의 눈만 자꾸 들여다본다. 아호, 저 눈빛을 또 외면하지 못하는 남편이 현금을 꺼내는 모습이 보였다. 냅다 그 자리로 급히 갔다.
"집에 인형도 많은데, 이건 그냥 오늘 구경만 하자."
딸은 지지 않고 "이런 예쁜 인형은 집에 똑같은 거 없어."라고 똑 부러지

게 말한다. 나와 실랑이를 하고 있는 사이 남편은 벌써 인형을 판매하는 분과 계산을 마치고 그 귀가 길고 꽃무늬 원피스를 입은 예쁜 토끼인형을 받아 안았다. 이런, 오늘도 두 부녀의 공작에 내가 졌다.

    그래도 오늘 아침 산책은 나를 하루 종일 미소 짓게 했다.

엄마라는
또 다른 나의 이름

2017.06.14.

날씨 : 날씨가 뭔 대수랴

　성당 로비에서 아이들의 밥봉사를 끝낸 자매님들과 담소를 나누고 있었다. 그러다 걸려온 전화, 반가운 아이 친구의 엄마였다. 하지만… 그 전화 통화 후 난 큰 충격에 할 말을 잃었다. 내용을 모두 쓰려다 손이 떨려온다. 그저, 잊어야지. 이런 일들이 한두 번도 아닌 것을. 이런 일들이 처음도 아닌데 가슴이 많이 놀라고 아리도록 아팠다. 차라리 나로 인한 이유로 이런 전화를 했더라면 내가 차분하게 자초지종 설명이라도 할 수 있겠다. 하지만 내용도 모를 내 아이를 이유로 휘둘러대는 칼날 같기도 송곳 같기도 한 말들에 찔릴 때면 어찌할지 몰라 그저 들을 뿐 있었다.

　너무나도 당황스러워 방금 전까지도 웃으며 담소를 나누던 자모회 자매님들 무리에서 혼자 조용히 빠져나왔다. 그러고 나서 떨어져 있는 다른 테이블로 자리를 옮겼다. 혼자 얼굴이 벌겋게 상기된 채 고민하는 걸 뒤에서 누군가 보고 있었나 보다. 자모회 활동을 같이하는 이름도 세례명도 모르지만 얼굴만 알고 지내는 한 재매님이 내 어깨에 살포시 손을 얹으셨다. 내가 당황하며 고개를 돌리자 자매님은 나를 편안한 눈으로 바라보며
　"무슨 일 있어요? 혼자 힘들어하지 말고 잠깐 이야기해 보세요."

말을 걸어왔다. 처음 어떻게 이야기를 꺼내야 할지 잠시 고민했다. 왠지 모를 복잡하게 얽히고설키는 마음을 풀어낼 방법을 혹시라도 이 자매님을 통해 얻게 되지 않을까 하는 심정으로 이야기를 시작했다. 자매님은 내 이야기에도 전혀 놀라는 기색 없이 차분하게 말을 이어갔다.

"그럴 것 같더라고요. 어린 자녀를 둔 자매님들은 대부분 아이들의 일로 고민이죠. 그거 다들 거치는 단계가 있어요. 너무 걱정하지 마세요. 그리고 순진하게 상대방 아이 엄마의 말만 듣고 자매님의 아이가 큰 잘못을 저질렀나 보다고 당황하지 마세요. 아이들의 일에 엄마들이 예민하다 보면 그런 경우도 있고 지혜롭게 넘길 수 있는 여유가 있는 엄마들도 있어요. 나도 우리 큰딸, 작은딸 다 자매님 딸보다 나이가 많은데 얼마나 많이 겪었을까요?"라고 말 걸어온 자매님과 시작된 대화로 그간 응어리가 되어 아프기만 하던 마음들이 살살 녹는 것 같았다. 그 자매님의 아이들 이야기를 들으면서 아이를 키우는 엄마의 자세에 대해 생각해 보는 계기가 되었다. 자매님의 이야기를 듣고 난 후 마음이 차분해졌다. 그리고 이 자매님이 나에게 온 천사 마냥 느껴졌다. 나에게 와 말을 걸어주지 않았다면 난 또 속이 새까맣게 될 때까지 고민했을 거라고 생각하니 이 자매님이 천사라 생각하지 않을 수 없었다.

자모회 봉사를 하면서 알게 된 자매님들과 얼굴을 익혀가면서 천천히 알게 된 사실은 각자 그들의 속내였다. 많이 모였을 때는 잘 모르겠던 속 사정은 이분들과 개인적으로 둘이서, 또는 셋이서 만나게 되면 하나하나 나왔다. 특히, 고만고만한 아이들이 친구관계 때문에 일어나는 트러블로 엄마들 사이가 예민해지는 일들이 부지기수라 했다. 나도 겪어보니 머리가 다 뽑힐 듯 지끈거리고 가슴 답답한 고민이었다. 헌데 자매님들과 이런 대화를 나누다 보면 우리 아이만이 겪는 일이 아니라, 어떤 아이들이나 겪는 일들이라 자책하는 마음, 딸을 걱정하는 마음은 많이 가벼워졌다.

 어린이 미사가 끝나고 딸아이를 성당 뒤뜰로 불러 차분하게 물어봐도 아이는 내용을 모르겠다고 한다. 그래서 딸아이와 이런저런 일들을 떠올려 보았지만 아이한테 있어서 큰 문제점은 발견을 못했다. 다행이다. 걱정했던 것보다 그리 나쁜 일은 아니었겠지 하고 약간 안심을 했다. 아이에게 친구들과 관계를 잘 유지하기 위해서는 다툼이 일어났을 때 이기려 하기보다는 그 친구의 마음을 읽어주는 방법이 더 좋겠다고 말해줬다. 그리고 네 의견은 차분하게 전달하고, 사과할 일인 경우에는 바로 사과를 하는 것이 가장 좋은 방법이라고 자세에 대해서도 이야기해 줬다. 아주 나쁜 일로 인해 생긴 불화일까? 고민에 고민을 더해가며 말 못 하고 혼자 고민할 때보다 훨씬 마음이 가벼워졌다.

흐린 하루,
마음에 창을 열다

2017.06.16.

날씨 : 흐림, 다시 상쾌

며칠 전 동네 아주머니와 통화했던 일이 아직도 잊히지가 않는다. 아이를 바라보기만 해도 가슴이 먹먹했다. 앞으로 어떻게 지내야 할지 계획을 세웠다. 아이와 같이 할 일, 내가 할 일, 아이가 할 일을 정리해 봤다. 아이를 어떻게, 어떤 방법으로 잘 키워야 할까? 생각해 봤다. 그러다 기분전환을 하기 위해 카톡방을 들여다봤다.

그리고 약간 센티한 기분에 여기저기 카톡으로 좋은 자작시도, 생활에 보탬이 될 응원의 말들을 이모티콘과 함께 지인들에게 보냈다. 내가 좋은 글을 써서 보낼 때의 마음도 점점 가볍고 좋아지는 맛이 있지만 글에 칭찬의 말과 좋은 글로 화답하는 글을 받을 때는 방금 전까지 했던 숯덩어리 같은 마음은 어느새 잊히고 없었다. 그러다 보니 마음이 소녀가 된다. 이런 맛이 있어 고민도 할 만한 건가 보다. 스트레스? 또는 고민? 나쁜 것으로만 생각했는데 내가 어떻게 해야 하는지 자극도 되고 나에 대해 되돌아보게 되는 값진 시간이라 생각한다. 이런 모든 걸 지금 아이와 나눌 수는 없지만 아이가 성인이 되어 있을 때 엄마 글을 보며 보약이 되는 힘을 얻었으면 좋겠다.

사람들은 누구나 시련을 겪는다. 육체적으로나 마음적으로나 겪어가는 과정이 있다. 나도 어딘가 털어놓지도 못할 시련과 고통이었던 긴 시간들을 지나왔기에 다른 사람들의 아픔이나 고통을 누구보다도 잘 알지 않을까 싶다. 이런 시련이 전혀 없는 사람이 있을 수 없다고 보이지만 혹여 그런 사람이 있다 하더라도 문제점이 없다는 생각은 하지 않는다. 며칠 전의 작은 충격으로 많은 생각을 하게 되는 계기가 되었다.

아이를 좀 더 단단하게 키워야겠다. 아이가 집에서 하는 행동이야 내가 어느 정도는 알 수 있으니 통제가 된다지만, 바깥에서는 아무리 예쁜 내 아이라도 어떻게 행동하는지 내가 알 수가 없다. 그래서 생각해 낸 작은 방법은 아이에게 뭔가 계획적인 작은 것이라도 해내는 걸 가르쳐야 한다는 생각이 들었다. 내가 할 일과 아이가 할 일을 좀 더 다듬고 다듬어서 실천하고 일 년 후 결과를 보면서 어떤 생각이 드는지 글로 남기기를 바란다. 내 나이 사십을 넘었다. 이젠 불혹도 넘기고 삶을 굳이 피곤하게 하면서까지 지내고 싶지는 않다. 그래야 하지 않을까 라는 생각이 든다. 오늘도 생각정리를 좀 해봐야겠다.

불금이다. 밤을 새워 그동안 하고 싶었던 드라마 한 편을 다 보고 싶다. 시끄러웠던 마음에 단비가 되도록 나를 위한 시간으로 채워야겠다.

아파트에 입주하고 얼마 후 베란다로 보게 된 쌍무지개였어요.
좋은 일이 생기려나 봅니다.

고단한 하루를
잊게 한 한마디

2017.06.21.
날씨 : 흐렸던가? 맑았던가? 비가… 왔던가?

회사에서 퇴근하자마자 급하게 금융교육 참석을 위해 바삐 움직였다. 긴 시간이었다. 모든 일정이 마무리되고 복지관을 나서니 벌써 어둠이 내렸다. 터덜터덜 무거워진 발과 내가 의지하는 또 하나, 소중한 지팡이에 몸을 의지하며 걸었다. 집으로 향하는 버스에 올라 자리에 앉자 나도 모르게 깊은 한숨이 나왔다. 바빴지만 그래도 오늘도 다 해냈다는 안도의 한숨을 쉬었다. 그러다 불현듯 번개처럼 떠오른 생각 한 조각, 아이가 오늘 어려워하는 수영 수업을 하기 위해 수영장에 갔다는 사실이 떠올랐다.

아이는 물을 무서워한다. 그러다 보니 수영 수업이 있는 날이면 긴장을 했다. 선생님께 아이가 수영을 빠질 수 없냐고 전화를 드렸었다. 하지만 선생님은 단호하게
"이 수영수업은 생존수영이라 꼭 이 수업에 참여해야 합니다."
는 답이 왔었다. 나는 더 이상 선생님께 말을 잇지 못하고 통화를 끝냈다. 수영수업이 있는 오늘도 아이는 긴장한 채로 등교를 했다. 퇴근하는 버스의 좌석에 기대고 나니 아이가 수영장에서 힘들어했을 거라는 생각이 떠올라 마음이 다시 살짝 무거워졌다. 오늘 수영장에서 잘 지냈을까? 힘들었

을 텐데…. 그 생각을 놓지 못한 채로 집에 도착했다. 그런데 놀랍게도 집에 도착해 현관문을 열자마자 아이가 나를 반기면서 하는 첫 한마디가 나의 무거웠던 기분을 들뜨게 했다.

"엄마, 내가 수영을 했어!"

물을 무서워해서 들어가는 것조차 겁을 내던 아이가 물에서 뜨게 하는 판(?)을 붙들고 물장구를 치며 수영을 했다 한다. 신이 났다. 내가 기분이 좋아 표정도 목소리도 밝게 반응을 보이자 아이는 처음보다 더 행복한 얼굴로 스스로 해낸 일의 성취감을 느끼는 듯했다. 이전의 물에 대한 공포심은 오늘 아이에게 자신감을 심어주는 작은 씨앗이 된 듯했다. 오늘 내가 힘이 들었던가? 기억조차 사라진 하루를 보냈다.

회사에서 친구에게 아이들 데리고 한강수영장 가자고 한 걸 잘했다 생각했다. 이번 주말에는 뚝섬 한강수영장에 가서 실컷 물과 친해지는 하루를 만들어 줘야겠다. 우리 딸도 수영을 할 수 있구나! 장하다, 역시 우리 딸이다. 해냈구나! 아이가 기뻐하는 모습보다 내가 곱절은 더 환호를 했다. 우리 모녀의 희열에 찬 모습을 바라보던 무뚝뚝하기만 한 남편도 오래간만에 입꼬리가 올라간 하루였다.

올 겨울
난 곰이 되려나?

2017.12.21.

날씨 : 추웠던 겨울의 한 자락

　찌는 듯한 더위에 지쳐 그토록 기다리던 겨울이 왔다. 바깥의 차가운 날씨로 외출은 줄고 집에서 따뜻한 이불속만 파고든다. 그러다 몸이 점점 굼뜨고 편하게만 지내려는 나를 보게 된다. 겨울이라는 계절은 기분도 살짝 다운이 되고 기억력도 점점 떨어진다. 이럴 때일수록 산책도 좀 하고 쇼핑도 좀 해야 하는데 쉽지가 않다. 안된다는 구실을 찾기보다, 생각만 하기보다는 행동으로 조금씩 꾸준하게 옮겨야 하지만 생각처럼 쉽지가 않다.
　'아! 이렇게 동굴에서 겨울잠 자는 곰이 되어가면 안 되는데, 그러면 또 무기력이 찾아올 수 있다는 걸 생각하면 힘내야 한다.'
　라며 마음속으로 나를 다잡았다.

　겨울은 항상 이렇게 지내왔다. 결코 처음으로 겪는 경험이 아니다. 편안함의 그늘이라고 할까? 너무 편하기만 하다 보니 약간은 무기력해진 것 같다. 무기력과 심한 우울증을 겪었던 시간들이 떠오르자 이러면 안 되겠다는 생각이 들었다. 움직여야 한다. 내가 움직여야 활력이 생긴다는 걸 안다. 그래서 움직이기 위한 일거리를 찾았다. 그러다 계절 갈이를 시작했다. 언제쯤 꺼내게 될지 모르던 두툼한 이불 같은 외투도 나오고, 목도리, 귀마

개도 나온다. 특히 장갑이 나올 때는 반갑기 그지없다. 장갑은 두 개가 짝을 이루기에 두 짝이 짝을 맞춰서 나오면 정말 반갑다. 작년에 딸아이를 위해 사줬던 분홍색의 털실로 만들어진 도톰한 장갑은 끝내 한 짝을 찾지 못해 지난겨울 내내 한 번을 끼지 못했다. 안타깝다. 그 장갑을 살 때는 오래 쓴다는 마음으로 제일 좋다는 걸로 장만했는데 무용지물이 되어버렸다. 시간 날 때 온 집을 다 헤집어서 찾아봐야겠다.

이렇게 움직이면 점점 아까 가라앉고 가라앉던 겨울잠 자는 곰이 되어가던 내 모습이 사라졌다. 내 몸이 움직이라고 생각 저편의 무언가 나를 움직이게 했겠지 싶다. 편안하기만 한 그늘을 즐기지만 말라고, 그 편안함이 이 다음 힘든 시간으로 만들어질 수도 있다고 내가 나를 일깨웠다. 이 글을 쓰고 또 다른 도전을 하는 글을 꼭 올리리라 다짐해 본다.

  추위가 무섭긴 무서운가 보다.

2장

생각에 날개를 달면 언젠가는 날아오른다

조기구이

김현정

우주처럼 넓은 바다를 누비며
그 어느 것도 거스를 게 없이
화평한 삶을 살았을 거 같은 이

세상이 뒤집히듯
풍랑이 일어도
야만적인 포식자들한테서도
살아남았던 이

잠깐의 실수로
엄마 품 속 같던 세상을 떠나
육지, 그중에서도 서울
어느 작은 집의 프라이팬 위에
경건하게 누워 있구려

얼마 안 있어
쌀밥에 곁들여져
누군가의 행복을 만들어 줄 이여
잠깐이지만 당신의 삶도
나의 삶인 듯 스쳐 지나는 생각에

잠깐 경건해지는구려
헌데,
참,
.
.
.
맛은 좋더이다

또 다른 세상 구경하기

2017.12.23.
날씨 : 비 그리고 흐림

　친구들 둘 그리고 친구들의 아이들과 함께 송년회를 갖기로 했다. 토요일 저녁 7시쯤, 공덕 역 찜질방에서 만나기로 한 이 약속으로 며칠 전부터 설레었다. 딸도 처음 가보는 찜질방에 대한 기대가 컸던지 만나는 아이의 친구들에게마다 찜질방 간다고 자랑을 했다고 한다. 내가 성당에서 봉사하는 팀 단톡방에 아프다는 거짓말을 하면서까지 이날을 챙겼다. 그런데 그 단톡방 자매님의 딸과 우리 아이가 같은 활동하는 모임 단톡방에
　'엄마와 이번 주 토요일 찜질방 가서 모임 못 가요.'
　라고 글을 올려버렸다.

　난감하다. 허나 거짓은 없으니 뭐라고 말을 못 하고 헛웃음만 나왔다. 드디어 공덕역에서 내려 찜질방 앞에 서 있는 한 친구 가족을 보고 반갑기도 하면서 찜질방에 대한 기대가 더 커졌다. 친구 하나는 조금 늦는다 해 우리 먼저 들어가서 기다리기로 했다. TV에서만 보던 찜질방 뜨듯한 기운이 입구에서부터 훅 내 몸을 감쌌다. 탕을 지나서 찜질방으로 통하는 길을 따라 들어간 곳은 넓은 홀이 먼저 눈에 들어왔다. 그곳에서 사람들은 저마다 가장 편안한 자세로 그 시간을 즐기고 있었다. 가져온 음식도 먹고 그곳 매점

에서 구입한 구운 계란과 식혜도 먹으며 정말 제대로 널브러진 모습이었다. 평상시 커피숍이나 다른 여타 장소에서는 볼 수 없는 모습들이었다.

우리도 제대로 즐기기 위해 딸에게 계란을 사 오라 일렀다. 조금 뒤 딸아이가 가져온 계란으로 오지 않은 친구를 기다리며 요기를 했다. 찜질방에서 먹는 구운 계란이 얼마나 먹어보고 싶었던지 모른다. 실제 먹어보니 방송에서 보던 그 이미지와는 많이 달랐지만 드디어 그 생소한 걸 먹어 봤다는 데 의미를 두기로 했다. 옆에서 딸도 나와 비슷하게 느낀 듯했다. 얼굴 표정이 그대로 나에게 전달된다.

얼마 후 나머지 친구도 도착하고 제대로 된 저녁식사를 하며 그동안 지낸 이야기들을 나눴다. 아이들은 아이들끼리 여기저기 들어가 보며 찜질방을 탐방하느라 바쁘고 엄마들은 셋이서 홀 한 가운데 앉아 못다한 이야기로 활기를 띠었다. 점점 피곤으로 인해 나른 해지고 무거워지는 눈꺼풀을 달래려 하나 둘 자리를 잡고 누웠다.

아! 이런 기분이구나 싶다. 특히나 또래를 만난 딸아이 얼굴은 내가 집에서 보는 딸 같지가 않아 보였다. 그저 활발하고 명랑하게 아이의 친구들과 신나게 노는 모습을 그대로 보였다. 이런 예쁜 딸을 두고서는 괜한 고민에 잠 못 들던 날들이 웃음이 날 정도로 가소롭기까지 했다. 차츰 가족 단위의 사람들이 집으로 돌아가고 홀에는 연세 지긋하신 어르신들, 연인들, 다양한 사람들이 즐기지만 초보 엄마 집순이로 살던 나는 새댁들이 썰물 빠지듯 나간 뒤의 분위기가 영 마음에 들지 않았다. 특히 새벽 즈음 되니 어디서 뭘 하고 들어오는지 십 대 후반에서 이십 대 초반 정도로 보이는 남자아이들 무리, 술 냄새 풍기는 아저씨들이 들어와 자리 잡고 누웠다. 그때부터 내가 느끼는 분위기는 별로 마음에 들지 않았다. 아이를 깨워 집으로 가고 싶었지만 지하철도 끊기고 버스도 없어 조용히 뜬 눈으로 날이 밝을 때까지 기다리는 수밖에 없었다.

다섯 시쯤 딸과 친구의 딸이 잠에서 깨고 곧이어 다른 아이들도 차츰 자리를 털고 일어나자 아이들로 인해 찜질방 공기는 다시 밝아졌다. 한숨도 못 자고 뒤척거린 나는 몸이 온통 통증으로 쑤시고 뻐근하기만 했다. 하지만 길고 길었던 지난밤이 끝났다는 안도가 몸으로 전해지는 아픔보다 기분을 한결 가볍게 했다. 다들 아침밥을 먹고 씻은 후 집으로 갈 채비를 했다.

아이들은 못내 아쉬워했지만 다음에는 더 좋은 곳에서 만나자는 약속을 하며 찜질방을 나섰다. 건물 밖으로 나오자 비가 주룩주룩 내리고 있었다. 친구는 근처 편의점에서 우산을 사자고 했지만 나는 점퍼에 달려 있는 모자를 뒤집어쓰고 무작정 비를 맞으며 지하철 역으로 향했다. 그런 나를 보더니 다들 같이 비를 맞으며 발걸음을 재촉했다. 다들 달리거나 종종걸음을 걷지만 느릿느릿 걷는 나의 바로 곁에 딸아이는 엄마와 속도를 같이 하며 천천히 걸었다. 딸은 역시 딸이다. 엄마를 생각하는 마음에 그리 했을 거다. 오늘따라 딸이 듬직했다.

지하철역에서 친구들과 헤어지고 집으로 오는 내내 아이는 찜질방에서 못다 잔 잠을 자느라 나에게 기대어 쌔근쌔근 깊은 잠에 빠졌다. 집 근처 지하철역에서 내려 집에 오는 길, 비 따위는 안중에도 없었다. 아니 오히려 오는 비를 실컷 맞아보는 기회가 되어 좋은 추억거리 하나 챙겼다 싶다. 어제부터 오늘의 경험은 내가 해 본 최초의 찜질방 경험이다. 아이도 나도 정말 마음 한가득 풍성한 선물을 받은 것처럼 흡족했다. 다음에 또 이런 도전과 경험을 꼭 해보리라 다짐해 본다.

내 기억 속
그 아이를 위해

2017.12.27.

날씨 : 쾌청했던 하루

　내가 강동구의 작은 마을로 이사를 온 지 3년이 넘었다. 처음 이곳으로 이사를 갈 거라며 나를 차에 태우고 사전방문했던 그때를 떠올리면 아직도 두 눈이 방울만 해질 정도로 좋았었다고 기억한다. 오래된 아파트 단지의 뒤편에 조그마하게 자리 잡은 동네는 해가 지고 나면 시내와 달리 캄캄했다. 작은 주택가로 상가가 많지 않다 보니 가로등 말고는 불빛이 별로 많지 않기 때문이다. 그렇게 예쁜 동네의 한 주택 반지하가 우리 집이었다. 나무가 많아서 좋았던 동네, 그리고 집 바로 앞 양지바른 놀이터와 노인정이 있어 해바라기 하시는 어르신, 아장아장 걷는 아이들과 그 부모들, 근처 초등학교 학생들 모두 다 모이니 정겨워 보였다. 꼭 시골 작은 마을의 풍경과 비슷해 푸근하게 느껴졌다.

　그리고 얼마 후 우리 아이를 살뜰히 챙기며 이름도 묻고 친하게 지내자는 친구들이 점점 늘어났다. 역시, 예쁜 여자아이를 싫어하는 아이들은 없나 보다. 그 아이들 중 두 녀석이 우리 부부에까지 붙임성 있게 친근감을 마구마구 쏟아내며 다가왔다. 그중 한 녀석은 ●●, 또 한 녀석은 ☆☆이었다. 둘 다 얼마나 활달하고 성격이 바르고 예쁜지 우리 아들, 우리 사위 삼

자고 남편과 이야기할 정도였다.

그러던 아이들 중 한 녀석이 유독 지금 눈에 밟힌다. 그렇게 밝고 착하고 구김살 없던 ●●이는 점점 학년이 올라갈수록 얼굴이 어두워져 가고 있었다. 힘든 구석이 있었던지 어두워져 가던 ●●이는 점점 놀이터에서 그렇게 활달하게 놀던 모습은 사라지고 많이 힘들어하고 있다는 게 얼굴에 그대로 드러나고 있었다. ●●는 이혼한 아버지와 사는 한부모 가정이었다. 내가 생각할 때 '이 한부모 가정의 자녀라는 게 그리 큰 문제가 있는 건가? 뭐, 같은 동네 사는 사람들 사정이야 다 천차만별이지.' 싶었지만 내가, 우리 부부가 이렇게 생각하는 건 그저 우리만의 생각이었던 것 같다.

사실, 우리 집도 사회복지 대상자인 장애인가족 그리고 차상위계층이라는 저소득계층으로 분류되어 사회복지 혜택을 받고 있었다. 살림이 어려웠으니까 사회복지라는 혜택을 받으면 나라에 감사한 일이라 생각했다. 그리고 이 다음에 내가 이 저소득계층에서 벗어나게 되면 나도 어려워 봤으니 다른 어려운 삶을 살아가는 사람들을 도우며 살고 싶다는 생각이 당연한 듯 여겨졌었다. 하지만 이 생각은 나와 남편만이 조용히 나누는 생각이었나 보다.

힘들어하는 ●●를 돕고 싶었다. 하지만 그러기에는 그 당시 내가 가진 힘이 크지 않았다. 나도, 우리 가족도 뭔가 사회의 따가운 시선을 받는 상태였기 때문이라고 지금 그때의 내 비겁했던 행동을 변명해 본다. 그랬다. 그 명랑하고 구김살 없던 ●●이를 점점 어둡게 더 어둡게 만들어 가는 이유가 있었나 보다. 이 글을 쓰면서도 가슴이 답답해져 온다. 그 ●●이는 지금쯤 어떻게 지내는지 가장 궁금하기도 하고, 제발 건강하고 밝게 자라고 있기를 기도하고 또 기도했다.

　하늘에서 누군가 지켜보는 이가 있다면 ●●이를 건강하게 잘 지켜 주길 간절히 빕니다.

시간을 거슬러 올라가 보다

2017.12.29.
날씨 : 좋았던 하루

　어느덧, 퇴근 후 편안하고 편안한 금요일 밤이 되었다. 저녁을 간단하게 먹고 족발을 시켜 마지막 금요일 밤을 가족끼리 오붓하게 보냈다. 요즘 남편은 일이 끊겼다. 차라리 잘됐다. 남편은 매일 이른 아침부터 늦은 밤까지 일을 했었다. 좀 쉬엄쉬엄 했으면 했는데 그러지 못했다. 이번 기회에 모처럼 쉴 수 있는 기회라고 생각하고 며칠이 될지는 모르지만 남편의 시간을 좀 갖길 바라본다. 딸아이의 방학으로 딸아이가 많이 심심할 수도 있는 시간이다. 이 기회에 아빠와 재미있는 시간을 보냈으면 좋겠다.

　남편의 모습을 조용히 지켜보면서 든 과거의 생각 조각들, 남편과 결혼하고 신혼집으로 분당의 7평 작은 아파트에서 신혼생활을 시작했었다. 분당은 남편도 나도 아무 연고가 없어 그저 둘만 바라보고 사는 시간들로 신혼생활을 보냈다. 아이가 태어나기 전까지 그저 벚꽃 흩날리는 멜로드라마 같은 신혼생활을 했었다. 남편은 휠체어를 타고, 난 지팡이를 짚으며 집 근처를 산책만 해도 그저 좋았다. 산책하며 큰 소리로 노래를 부르며 걸어도 전혀 다른 사람들의 눈을 의식하지 못했었다.
　그러다 곧 아이가 태어나고는 천국과 고난의 길 두 가지 모두를 걸어야 하는 시간들이 시작되었다. 태어난 아기는 그저 매일 바라만 봐도 신기했다. 어떻게 요런 작은 생명체가 나와 남편의 아이라는 타이틀(?)을 달고 태어났는지 자꾸자꾸 들여다봐도 그저 요정처럼 예뻐 보였다. 이 작은 아이는 우리 두 부부를 꼼짝 못 하게 하는 신비한 힘을 가지고 있었다. 깊은 잠을 자지 못하고 토끼잠을 자는 아이로 인해 다음 날 출근해야 하는 남편도 나도 점점 지쳐가고 있었다. 하지만 몸은 고되고 지쳐도 아이가 웃어주는 그 웃음에 모든 고단함을 녹일 수 있었던 시간을 보냈다.

그렇게 몸의 고단함을 걱정하며 얼마간의 시간을 보냈을까? 아이가 쑥쑥 건강하게 자라면서 부지기수로 겪게 되는 감기, 고열로 인한 응급실행과 밤잠 못 자며 아픈 아이를 간호하는 일 등 아이를 한 사람으로 오롯이 길러내는 건 보통 일이 아니었다. 몸의 고단함, 마음의 고단함 그리고 아이를 양육하면서 접하고 잘 선택하며 믿고 따라야 하는 수많은 결정은 모두다 우리 부부에게는 쉽지 않은 일이었다. 하지만 해야만 했다. 그렇게 우리 부부는 서로를 말없이 의지했다. 시간이 많이 흘러 남편이 조용히 했던 말에 이 사람과 같이 한평생을 같이하기로 한 결정을 잘했구나 하며 남편에게 감동했었다.

"주변에서 같이 장사를 해보자는 말, 돈을 지금 월급의 몇 배를 벌 수 있다는 말들이 있었어. 나도 지금 하는 일이 육체적으로 많이 힘들어서 결혼한 후 바로 이직을 하려 했지. 그때 자기한테 넌지시 의중을 떠보니 반대하고 이제 꼬물거리는 우리 아기를 보니 '만약 이직한 회사나 사업이 내 마음과 맞지 않으면 그때는 또 어떻게 할 수 있을까?'라는 생각에 포기할 수밖에 없었어. 그 생각에 이리 오래 다녔네?"

웃으며 말하는 남편이 한 가정의 가장으로서 느끼는 어깨의 무게를 잠시 느껴 평상시 짓궂은 내가 그 상황에서 어떤 말도 할 수 없었다. 그저 조용히 시선을 돌릴 뿐이었다. 남편은 이후 내가 깊고 깊은 무기력과 우울증으로 인해 힘들어하는 모습에도 결코 편안한 표정에서 단 한 번도 불편한 표정을 보여주거나 불편한 말도 행동도 보여주지 않으면서 묵묵히 그 길을 걷고 있었다.

그러다 회사 사정으로 인해 폐업하고 다시 개업을 하는 과정이 있었다. 남편은 기회는 이때다 하며 내가 힘든 모습을 이전의 밝은 표정으로 바꿔주기 위해 재입사를 포기하고 과감하게 이곳으로 이사를 결정했다. 참 용기 있는 사람이었다. 그 용기는 이전 회사를 다닐 때보다 몸은 더 고되고 손에 쥐는 금전적인 여유는 더 쪼그라드는 현실을 마주하게 되었지만 실망하지 않았다. 나를 탓하지도 않았다. 안타까웠다. 그 모습을 옆에서 지켜보는 내가 편하게 있을 수 없었다. 그래서 지금 어려운 상황을 어떻게 하든 바꿔야 한다는 생각이 머리에서 떠나지 않았다. 그러다 이전에 잠시 일했던 지자체 장애인행정도우미 일이 떠올랐다. 이제 아이도 아주 어리지 않은 나이라 다시 그 일을 하게 된다면 오래 할 수 있을 것 같았다.

그렇게 내가 근무를 시작하고 남편은 집에서 일을 했다. 남편이 집에서 일을 하게 되고 아이가 하교 후 집에 왔을 때를 생각해 봤다. 빈 집에 들어서는 아이를 아빠가 반겨 줄 수 있다는 사실에 이 또한 남편에게 감사한 한 가지가 더해졌다. 난 아직도 남편이 신기하다. 어찌 저렇게 온화할 수 있는지 아직도 신기하다. 내 눈의 콩깍지가 아직 눈꺼풀에 그대로 있나 보다. 아무래도 이 콩깍지가 오래오래 갈 수 있게 잘 관리를 해야지. 힘든 삶을 살아가면서도 언제나 아이에게 편안하게 부드럽게 말해주는 남편이 그저 천사처럼 보였었다. 하지만, 그게 얼마나 스스로의 큰 고통을 숨기면서 하는 미소인지를 남편과 살면서 알게 되었다. 편안하고 온화한 그 얼굴을 지금도 마주하지만 저 사람의 마음에 어떤 생각을 하고 있는지 아직도 모르겠다.

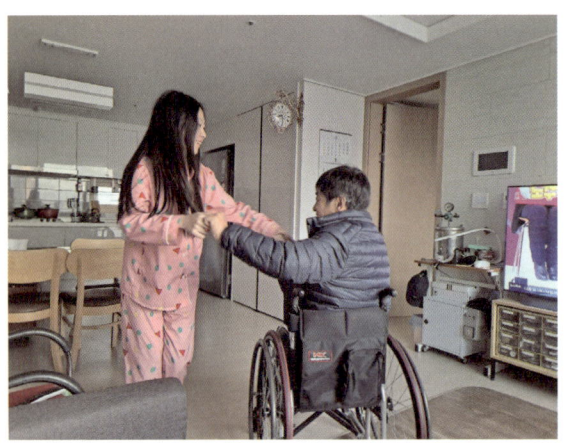

아이가 잠에서 덜 깬 상태로 아빠와 춤을 추는 돈독한 부녀입니다.

봉사를 하며
얻은 지혜

2017.12.30.
날씨 : 겨울 … 비

　아이에게 주말마다 가기로 했던 도서관 투어라 생각하고 엄마가 하는 성당 도서관 봉사를 도와달라 부탁을 했다. 이 성당 도서관 봉사를 처음 하게 된 계기는 아이가 책을 좀 더 가까이했으면 하는 마음에 시작했지만 정작 아이보다는 내가 더 책과 가까워진 걸 느낀다. 책이 주변에 있다는 것만으로도 마음이 편안했다. 분주하게 일상생활을 하다 도서관에 앉으면 그저 편안했다. 그래서 그랬던가 보다. 도서관에 들어가 책을 펴고 앉으면 곧 졸고 있는 날 보게 되는 경우도 종종 있었다.

　도서관 봉사회에 가입을 하고 몸이 아파 제대로 봉사를 못한 것 같아 마음이 무거웠다. 그래서 되도록이면 빠지지 않으려 노력을 하지만 내 마음대로 되지 않는 내 컨디션 때문에 모임을 계속해야 하나 그만두어야 하나 고민의 고민을 해봐도 결론이 나지 않았다. 그러다 이번 주 한번 가보자 하는 마음으로 봉사에 참석을 했다. 막상 와보니 생각했던 것보다 물 흐르는 것 마냥 잘 흘러갔다. 허리도 많이 호전이 되었다. 다행이다. 그간의 묵직한 고민은 어느덧 가벼워졌다. 고민일 것도 없는 고민이었나 보다. 분위기도 좋았다. 봉사를 안 할 이유가 없게 되었다.

감사하고 감사한 하루였다. 봉사를 하다 보면 내가 뭔가를 할 수 있다는 것에 뿌듯함과 뭐든 할 수 있다는 의욕이 생긴다. 봉사에 집중하면 할수록 해야 할 일이 더 많이 보인다. 이렇게 지내는 시간들이 나를 일깨우는 방법 중 하나라는 생각이 든다. 불편한 몸이지만 나도 할 수 있는 일이 있다는 게 얼마나 기쁜 일인지, 얼마나 뿌듯한 일인지 봉사를 하면서 매 순간 느낀다.

우리 아이도 시간이 지나고 지나 어른이 되어 세상에 나왔을 때 기분 좋은 일, 행복한 일상을 보내다 인생의 돌부리에 넘어져 힘들 때가 찾아올 수도 있다. 그때 지금 이 글을 읽고 세상에 대해 너무 크게 겁먹지 않았으면 좋겠다. 그저 잠깐 넘어진 거라고, 누구나 그럴 수 있다고 가볍게 툭툭 털고 다시 일어나 걸어갈 힘을 얻었으면 좋겠다. 그 힘은 스스로에게도 충분히 존재하고, 세상 둘러보면 나에게 힘을 주는 사람들도 환경도 많다는 걸 알았으면 좋다. 그렇게 언젠가는 내가 받게 될 그 힘을 받을 수 있도록 저축하는 거라 생각하며, 아이가 다른 이들에게도 인정을 베풀면서 사는 아이로 자라나길 기도해 본다.

오늘 하루도 감사합니다.

딸이 많이
서운했던 하루

2017.12.31.
날씨 : 만두 먹기에 좋았던 날

   드디어 2017년의 마지막 날이 되었다. 9시쯤 믹스커피 한 잔씩 남편, 어머님과 함께 마시고 하루를 시작했다. 오늘의 할 일들을 떠올려보니 도서관과 만두 만들기 일정이 있었다. 우선 아이를 살살 구슬려 도서관 갈 채비를 했다. 매주 일요일마다 도서관을 가기로 한 약속을 해서인지 이번에는 아이도 큰 어려움 없이 같이 집을 나섰다.

   도서관에 자리를 잡고 앉아 각자 책을 읽기 시작했다. 딸은 주로 만화로 된 학습만화책(?)을 주로 읽고 있었다. 자꾸만 보는 만화책이 눈에 거슬렸던 내가 아이에게 만화책 그만 읽고 동화책을 읽으라며 주의를 줬다. 아이는 입이 나오고 얼굴은 불만이 가득했지만 다행히 동화책으로 눈을 돌렸다. 그러나 동화책을 읽는 아이의 모습은 그 동화책이 재미있어서라기보다 엄마의 성화에 거부하지 못하고 든 책이라 내 마음이 편하지가 않다. 차라리 아이가 그냥 뭘 읽든 간섭하지 말 것을 후회가 된다. 도서관까지 데려오는 건 성공했는데 정작 아이가 만족하는지는 모르겠다.

   그렇게 도서관에서의 시간을 보내고 집으로 돌아오니 어머님이 만두 속을 준비하고 계셨다. 벌써 만두 만들 준비를 다 해 놓으셨다. 놀러 온 은영이와 딸은 책상 밑에 베개를 가져다 누워서 노닥거리다 어머님과 내가 만두를 만드는 그 작업이 흥미로워 보였나 보다. 아이들이 하고 싶은 마음에 쪼르르 달려와 같이 만들겠다고 졸랐다.

"나도 만들고 싶어!"

"저도 만들고 싶어요!"

하지만 두 사람도 앉을 공간이 되지 않는 공간에 아이들까지 앉을 수는 없었다. 그래서

"너희는 안돼, 이건 아주 어려운 거라서 너희가 만들기는 힘들어."

라 하니 딸은 서운한 마음에 울어버린다. 에고, 우리 딸 속상한가 보다. 다 만든 만두는 쪄서도 먹고 만둣국으로도 먹으며 푸짐한 저녁식사가 되었다. 은영이가 가고 난 다음 만두를 만들지 못하게 한 이유를 딸아이에게 설명했다. 잘 알아들었다. 이렇게 오해가 풀리니 나도 한결 가벼운 마음이 되었다.

예전 해마다 보러 가는 시청 트리를 보고 싶었지만 작년에 이어 올해도 트리구경은 못 하고 그냥 새해를 맞기로 했다. 밤 12시에 있을 타종행사를 보려고 딸아이가 어머님 방 TV 앞에 앉아 기다렸지만 KBS 파업사태로 타종행사도 중계 없이 그냥 넘어갔다. 새해 타종행사를 한 번도 본 적 없어 이번에는 꼭 보려고 TV 앞에서 기다리던 딸은 서운한 마음에 또 운다. 이래저래 딸은 서운한 게 많은 날이었다.

아이는 성장하고
엄마는 흔들리고

2018.01.05.
날씨 : 겨울은 추워야지

　오늘도 평범하고 편안한 여유시간에 딸아이의 목소리가 듣고 싶어 전화를 했다. 밝고 명랑한 딸의 목소리를 기대했는데 갑자기 아이가 울며 전화를 받았다. 순간 놀랐다. 무슨 일이냐고 물었다. 그 질문을 하는 나의 머리가 곤두서고 심장이 쿵쾅거렸다. 곧이어 딸이 은영이라는 이름을 말하는 순간 좀 차분해졌다.
　'아, 큰일은 아니구나.'
　라는 생각이 들었다. 아이 친구들과 작은 다툼 정도라고 생각했다. 그런데 우는 게 심상치 않아서 때렸냐고, 욕을 했냐고 물어보니 그건 아니라고 한다. 다행이었다. 그럼 어떻게 싸웠냐고 하니 소리를 질렀다고 한다. 참나, 남편과의 전화통화로 들으니 우리 아이와 은영이가 통화로 소리 지르며 싸우다가 나가서 싸우고 들어와서는 펑펑 울었다며 별 대수롭지 않은 일처럼 나에게 전했다.

　아이가 태어나고 걸음마를 시작하던 그 시기는 내 몸이 많이 고단했다. 내 체력이 아이의 체력보다 강해야 하지만 쉽지 않았다. 돌발적인 아이의 행동, 내가 아이를 번쩍 안아야 하는 상황, 몸으로 아이와 놀아줘야 하는 경우 등 다양하게 모든 곳에서 체력이 더 많이 필요했다. 그러다 아이가 점점 커 가면서부터는 정신력이 체력과 그 위치를 바꾸기 시작했다. 이젠 체력이 필요한 경우보다는 더 강한 정신력이 필요해지기 시작했다. 아이들끼리 다툼, 아이와 나의 신경전, 아이의 작은 거짓말로 모면하려는 경우 잘 잡아줘야 하는 일 등이 내 상상력을 벗어나는 경우가 많아졌다.

오늘도 아이의 전화로 달궈진 냄비 뚜껑에 덴 듯 놀랬던 마음은 아이의 친한 친구라는 사실에 잠시 안도를 했다. 하지만 아이는 슬프게 울고 있었다. 아이에게 내가 별일 아니라고 싸울 수 있다고 다독이며 오해는 풀었냐 물으니 아이가 한마디한다.
"아니, 이제 말 안 할 거야."
아! 이 말에 왜 내가 뜨끔하지? 더 길게 이야기해 줄 말이 없었다. 나중에 집에서 보자는 말을 하고 전화를 끊었다.
'지금 내가 딱 초등학생 마냥 행동하고 있구나.'
라는 생각이 잠시 들었다. 아무도 모르겠지만 부끄러웠다. 나는 멀어진 지인들과 오해를 풀었던가?
퇴근 후 집으로 오는 동안 아이에게 오늘은 어떤 이야기를 들려줄까 곰곰 생각해 봤다. 하지만 아이는 낮에 아무 일도 없었던 여느 때와 같이 기분이 좋아 보였다. 금세 울고 금세 풀리는 우리 딸이다. 역시 애는 애다.

못난 엄마 모습을 보이다

2018.01.06.
날씨 : 내 마음 우중충

　미적거리다 점심시간 즈음 라면을 끓였다. 점심도 어머님이 안 계시면 주로 주말에는 라면을 먹었다. 오늘도 마찬가지로 라면, 아니 떡을 넣은 떡라면이다. 그런데 남편과 딸의 먹는 모습이 마음에 들지 않았다. 남편은 내가 식사 양조절을 못 한다며 한마디했고 딸은 라면 한 가닥씩 오물거리며 영 맛이 없는 음식을 억지로 먹는 게 보였다. 그러다가 딸이 얼마 먹지 않고 남기려 하는 게 보여 내 눈에서는 레이저가 나오기 시작했다. 더 먹으라고 다그치자 아이는 풀 죽은 모습으로 젓가락을 깨작거렸다. 양은 전혀 줄지 않고 있었다. 그만 먹으라며 내 말에 딱딱하게 힘이 들어간 채 아이에게 한마디 했다. 그러자 아이는
　"잘 먹었습니다."
　라고 말하며 젓가락을 내려놓았다. 아이의 말에 내가 그만 욱 화가 났다.
　"먹은 것도 없이 잘 먹긴 뭘 잘 먹어?"
　내가 또 화를 내고 말았다. 이러면 아이 성격이 나빠지고 내게도 좋을 게 없다는 걸 안다. 그런데도 참지 못했다. 마음에 계속 걸렸다. 아이가 어렸을 때 육아가 상당히 힘들었다. 내가 불편한 몸에 육아라는 게 얼마나 힘들지 생각하고 계산하며 낳은 아이가 아니다 보니 아이를 키우며 많은 실수

를 했다. 몰랐다.

 어린아이를 키우는 것이 얼마나 큰 영광이고 얼마나 큰 책임인 줄을 몰랐다. 그러다 아이의 행동이 내 눈에 거슬리면 내가 커왔던 예전 부모님들의 육아방식처럼 야단치는 것으로 문제를 해결하려 했다. 그게 아닌 것을, 그저 사랑하는 마음을 키우고 키워 아이에게 잘 전달해야 한다는 것을 몰랐었다. 그러다 훈육이 필요할 때 모르는 부분은 배워야 한다는 것을 까맣게 몰랐다. 지금 어렴풋이 이론을 알긴 하지만 도대체 어떻게 해야 하는지 실천은 아직도 오리무중이다.

 성당에서 친한 자매님과 이런저런 이야기를 하다 우리 아이 액션 송 하는 걸 봤다고 한다. 많이 예뻤다며 나에게 아이에 대해 칭찬해 주는 자매님의 말을 듣고서야 내가 반성을 하게 된다. 다른 이의 눈에는 그저 이리도 예쁜 아이가 엄마인 나는 왜 제대로 아이를 바라보지 못하는 걸까? 나, 뭔가 뭉게뭉게 육아에 대한 고민이 커지고 있었다. 우선, 칭찬 많이 해주는 엄마가 되어야지 않을까? 아이를 즐겁게 해 줘야지. 아이를 하루에 한 번 이상 웃게 만들어야지. 아이와 더 많은 이야기를 나눠야지 등 점점 엄마의 숙제가 늘어난다.

늦은 밤 퇴근하는 엄마를 위해
부녀가 만든 저녁식사를 먹었네요.

일터에서
가장 빛나는 존재

2018.01.10.

날씨 : 깜짝 선물, 눈

아침에 출근했을 때 직원들이 동동이(아기 고양이)가 안 보인다고 다들 부산스럽게 동동이를 찾고 있었다. 10시가 넘도록 동동이는 안 보였다. 평소 같으면 출근하는 직원을 따라서 들어왔을 동동이가 오늘은 늦은 아침까지 보이지 않아 다들 걱정이 되었던가 보다. 11시쯤 주민센터에서 일하시는 주임님과 같이 나타났다. 주임님 말씀으로는 동네 다른 길고양이들과 놀고 있는 걸 데려왔다고 하셨다. 이제 슬슬 동료들과 어울리는 시기가 왔구나 싶었다. 걱정했던 나쁜 일이 일어난 게 아니라 얼마나 다행이었나 모른다.

이 동동이(아기 고양이)는 작년 겨울로 접어들던 어느 날, 출근하던 직원을 따라 문이 열리자마자 사무실까지 들어왔다고 했다. 그런 후 줄곧 아침마다 출근하는 새끼 고양이가 되었다. 작고 여리고 여려 추운 겨울을 밖에서 떨 거라 생각하니 마음이 약했던 젊고 예쁜 직원들은 이 고양이와 하루를 보내는 걸 좋아했다. 그렇게 동동이는 직원들이 일하다 뭔가 새로운 에너지가 필요할 때면 찾게 되는 복지팀의 중요한 존재가 되어갔다. 그러다 이 동동이가 주민센터를 찾는 민원인들에 의해 소문이 나기 시작하고 요

녀석을 보겠다고 일부러 찾아오시는 분들이 늘어났다. 위층 군복 입은 예비군도 심지어 우리 집 예쁜 공주님도 이 소식을 듣고 친구들을 데려와 구경을 시켜줬을 정도로 동동이는 점점 스타가 되어갔다.

예전 다른 곳으로 파견되어 근무할 때 주택가에 위치했던 그 회사에서도 길고양이라는 존재는 많은 이들의 사랑을 받았었다. 물론 그렇다고 길고양이를 모두 좋아할 수는 없었지만 고양이가 주는 생각지 못한 좋은 영향들이 내 눈에 크게 보였었다. 주변 어르신들, 내가 근무하던 장애인 시설의 장애인들까지도 고양이에 대한 관심으로 이야기 꽃이 이어지고 있었다. 그러다 나중에 알게 된 캣맘이라는 일이 있다는 걸 알게 되었을 때 우리나라에 내가 알지 못하는 다양한 관심과 돌봄에 눈이 크게 뜨였었다. 그렇게 그곳에서 길고양이에게 무료로 제공되는 사료를 받아 길고양이들과 더 가까이할 수 있었다. 그때의 기억이 이곳 동동이에 대한 관심으로 이어졌다.

우리 동동이는 무럭무럭 자라더니 어느새 이젠 따뜻한 사무실에서 독립을 준비할 시기가 되었나 보다. 이젠 동네 다른 길고양이들이 사무실의 예쁜 직원들보다 더 관심이 가는 시기라고 생각해 줘야지. 동동이로 인해 행복했던 몇 달이었다.

걱정하며 보낸
불안의 시간

2018.01.11.

날씨 : 마음 복잡했던 하루, 흐림

오늘도 그냥 편안한 하루였다. 그러다가 오후 2시쯤 남편의 카톡이 왔다. 아이가 학교 방과후수업 후에 연락도 없고 집에도 안 왔다고 한다. 부랴부랴 아이에게 전화도 하고 아이 친구에게 전화도 해봤지만 도통 받지 않았다. 부랴부랴 아이의 전화 어플로 위치검색을 이용해 보니 동네의 아이 친구네집 옆집에 있다고 나왔다. 아이의 친구네 집도 아니고 그 옆집에 있다고 어플에서 확인되니 내 불안이 커지기 시작했다. 집에 있는 남편에게 전화해 가보라고 하고서는 전화를 끊었다.

업무를 하면서도 계속 아이에 대한 걱정이 머릿속에서 맴돌았다. 남편에게 내 불안감을 너무 많이 표현한 건 아닌가? 항상 남편은 내가 걱정을 만들어서 한다며 핀잔을 줬었는데, 그런데도 아직 아이에 대한 걱정은 쉬이 내려놓을 수가 없다. 오늘도 내 걱정 지수는 올라가고 있었다. 걱정 근심에 쌓여 있을 때 내 전화기가 울렸다. 전화를 건 이는 아이의 친구였다. 전화가 고장이 나서 전화를 못 받았다며, 아이들이 모두 그 집에 있다고 했다.

휴, 다시 한번 놀란 가슴을 진정할 수 있었다. 긴장했던 몸이 풀리면서 다시 원래의 내 상태로 돌아와 일을 순조롭게 끝낼 수 있었다. 퇴근 후 부랴부랴 저녁식사 준비를 하면서 아이와 오늘의 일에 대해 이야기 나눴다. 그렇게 아이와의 대화에서 알게 된 건 그저 동네 그 또래의 아이로 잘 자라고 있었다. 그저 엄마의 걱정이 너무 커졌던 것뿐이다. 초등학교 3학년인 아이가 오전 10시 반쯤 나가서 저녁 6시 반에 들어왔다는 사실에 불안한 엄마는 아이가 대단하다 느껴진다. 그래도 엄마의 걱정과 달리 애들은 애들이구나. 그저 노는 게 좋은 아이들이구나.

지난 추석에 있었던 일이 생각이 났다. 추석 명절 제사를 끝내고 시어머님과 남편은 시골로, 아이는 동네의 같은 학교 언니와 자전거를 타러 나간다고 했었다. 나는 아이에게 잘 다녀오라며 늦지 않게 7시 반까지는 집으로 들어오라 일렀었다. 그런데 추석 명절의 낮시간이 그리 짧은 지 몰랐다. 6가 넘어가자 사방이 어두워지더니 곧 깜깜했다. 아이는 아직 들어올 생각도 없고 전화 연결도 안 되었다. 그에 더해 같이 간 아이가 같은 학교 언니라는 것 말고는 아는 게 없었다. 이름도 연락처도 몰랐다. 아차! 하는 생각이 들면서 불안이 엄습해 왔다. 친한 동네 지인에게 전화해 이 불안한 마음을 전달했고 그 지인의 딸까지 동원해 딸과 같이 간 아이의 정보를 찾았지만 얼마 전 전학을 왔다는 이 아이를 아무도 모른다고 했다. 남편에게도 전화해 내 불안한 목소리를 걸러내지 못한 채 이 상황을 알렸다. 평상시 평정심을 항상 유지하던 남편의 목소리에서 걱정하는 마음이 커지는 걸 느꼈다. 점점 커지는 불안감으로 결국 112에 신고를 했다.

곧 경찰차가 우리 골목까지 들어왔고 경찰 두 분 앞에서 난 덜덜 떨리는 손, 달달 떨리는 목소리로 아이의 행방을 모르겠다며 신고한 내용을 모두 이야기했다. 다리가 후들거리며 주저앉고 싶은 걸 겨우 참아가며 그 시간을 이겨내고 있었다. 경찰 두 분은 여러 곳에 연락을 하고 나에게 아이가 들어올 수 있으니 집에서 기다리라 하고서 그곳을 떠났다. 집에 혼자 있는 시간도 불안했다. 그러기를 얼마나 지났을까? 경찰의 무전 소리와 함께 여러 명의 발소리가 들렸다. 현관문을 열자 딸아이가 가장 앞에서 당당히 들어온다. 너무 반갑고 다행이라는 안도감이 들어 아이를 꼭 안았다. 그러자 아이는 되려 엄마를 안심시킨다.

"엄마, 이제 울어도 돼."

내가 아이를 걱정한다는 말을 경찰이 아이에게 전했나 보다. 연신 감사하다는 인사를 경찰에게 하는 데 아이가 한 마디를 더 한다.

"엄마가 7시 반까지 들어오라고 했잖아. 지금이 7시야. 아직도 들어오라는 시간이 안 됐다고."

이런, 그날의 그 사건도 내 미흡했던 실수였다. 내가 시간만 체크했더라도 일이 이렇게 커지진 않았을 텐데 또 내가 엉뚱한 해프닝 하나를 만들어 냈나 보다. 집으로 돌아온 남편과 어머님은 아이를 보면서 놀란 가슴을 진정할 수 있었다. 어머님의 말씀으로 남편이 항상 편안하게 운전하는 모습만 봤었는데 그날은 불안한 마음에 끼어들기도 하고 속도도 내는 모습을 보였다고 하셨다.

이후 남편은 항상 내가 걱정을, 불안을 사서 한다는 핀잔을 종종 준다. 그게 다 틀린 말은 아니라 오늘도 반성해 본다.

고사리 손의
작은 재주

2018.01.21.

날씨 : 추웠던 하루

아이와 도서관에서 시간을 보냈다. 아이가 읽던 책에서 스테이크 만드는 법이 그림과 함께 쉽게 설명되어 그 책에 푹 빠져 있는 아이의 눈이 반짝였다. 자신이 있었나 보다. 집에 갈 때 고기를 사고 싶다며 대형마트로 가길 원했다. 그렇게 앉았던 자리를 정리하고 건너편 대형마트로 향했다. 아이와 책에 대한 이야기를 나누며 걷는 길에 오늘 읽은 책 중에 기억에 남는 책이 있느냐 물어보았다. 딸은 레몬으로 큰돈을 버는 방법에 대해 나와 있는 책(어린이 경제도서)이 재미있었다며 신나게 이야기해 주었다.

집에 오자마자 아이는 아빠에게 신이 난 목소리로
"깜짝 선물이 있어. 힌트를 주자면 먹을 거야. 내가 만들어 줄 테니까 기다려!"
라 말하고서 신나게 스테이크를 굽기 시작했다. 내가 넌지시 조금씩 보조를 해 주긴 했지만 그런대로 잘 해냈다. 네 식구가 둘러앉아 큰 덩어리의 스테이크 세 개를 나누어 먹었다. 아이도 큰 덩어리 스테이크를 거의 다 먹고 나서 설거지도 완벽하게 해냈다. 우리 아이는 이렇게 스스로 만들어내는 소소한 일들을 좋아한다. 그저 엄마가 부산스럽게 일들을 하고 있으면 어느새 옆으로 와 그게 놀이인 양 저도 제 나름의 비슷한 일을 만들어 내는 걸 곧잘 보게 된다. 그저 귀엽다. 그저 어릴 적 엄마 옆에서 놀던 내 모습을 지금 내 아이를 통해 보는 게 신기하고 뿌듯하다. 그때의 친정 엄마가 지금 내 마음이었나 보다. 흐뭇하고 행복하다.

호기심 덩어리의
엄마로 산다는 건

2018.01.29.
날씨 : 겨울다운 딱 그런 하루

　요즘 성당에서는 2월 1일에 있을 부제님 서품식 준비로 많은 사람들이 참석하기 위한 이야기가 가장 큰 화젯거리이다. 우리 아이는 영문을 모르는 이야기를 아이들이 서로 주고받으니 어리둥절했나 보다. 사제 서품식이 어떤 것인지 나에게 물었다. 나는 사제님들의 서품식이 어떻게 진행되는지 궁금하기도 해 가 보고 싶은 마음은 컸지만 일을 하는 입장에서 그걸 챙겨 가기가 여간 힘든 일이 아니다. 내가 할 수 있는 기도만 드리는 방법으로 마음만 같이 하기로 했었다. 이 내용으로 성당의 아이 친구들이 모여서 나누는 대화에서 우리 아이가 전혀 알아듣지 못했나 보다. 이에 대한 내용을 나도 사실 많이 몰라 그저 평일이라 안 가려고 한다고 말해줬다. 아이가 뭔가 많이 아쉬워하는 게 보였다. 성당에서 채워지지 않은 아쉬움으로 시무룩한 저 아이를 또 웃게 해야지 라는 생각이 들었다.

　그래서 광장동으로 향했다. 엄마가 그건 잘 모르지만 맛있는 순댓국집은 안다는 나름의 행동표현으로 남편을 졸라 차를 운전해 달렸다. 그 깊은 뜻을 아이가 언제 알게 될지는 모르겠지만, 어쨌거나 우리 부부는 광장동으로 차를 몰았다. 그렇게 오래간만에 간 광장동에 있는 순댓국집 주인 할머니는 나를 반갑게 맞아 주셨다. 얼굴에 웃음꽃을 피우시며 잘 지냈냐는 안부와 왜 그 예쁜 딸을 데려오지 않았냐고 물으시며 간단한 대화를 하면서도 연신 내가 주문한 음식을 포장하시는 데 손을 바삐 움직이셨다. 삼 인분 포장한 순댓국을 들고 종종걸음을 걸으며 남편이 기다리는 차로 향했다. 추운 날씨로 얼굴도 손도 많이 시리지만 집에서 아이가 눈을 반짝이며 기다리고 있어서 인가? 마음은 그리 춥지 않았다. 맛집을 단골로 둔 덕을 오늘과 같은 날 톡톡히 본다. 사장님 건강하게 오래오래 순댓국집을 지켜주세요! 긴 시간 순댓국으로 저희 가족과 함께 해 주셔서 든든합니다.

도착하고 차려진 저녁 밥상에 가족들이 둘러앉아 뜨끈한 순댓국과 함께 식사를 했다. 특히 딸은 조금 준다고 투정할 정도로 푸짐하게 먹었다. 오늘도 내 선택은 성공이다. 이렇게 잘 먹는 아이를 볼 때가 참 사랑스럽다.

고양이, 강아지를
좋아하는 아이입니다.

늦은 밤,
작은 방의 열기

2018.02.09.

날씨 : 동계올림픽 시청하기에 딱 좋은 날씨

평창 동계올림픽이 개막했다. 우리집 꼬마는 우리나라에서 열리는 올림픽을 처음 보게 되었다. 아이가 올림픽에 대한 기대와 호기심이 가득해 보였다. TV화면으로 보이는 평창의 올림픽 현장은 그 추운 날씨에도 사람들이 꽤 많아 보였다. 사람들의 흥이 저절로 나한테까지 전해졌다. 올림픽은 너무 화려하지 않으면서 담백하게 치러지는 것 같았다. 마지막 성화 점화자로 김연아 선수가 점화할 때는 울컥하는 뭔가 뜨거운 감정도 가슴 저 깊은 곳부터 일어나고 있었다. 아, 이게 애국심인가? 선수단이 입장할 때 아이와 함께 그 나라들에 대해 알아가고 정보를 나누며 이야기 꽃을 피웠다.

올림픽의 여러 종목들을 시청할 때는 긴장감 넘치고 흥미진진한 모습들이 우리 가족의 시선을 사로잡았다. 특히, 컬링이라는 생소한 이 경기는 조용하면서도 은근한 스릴이 있어 긴장감을 놓을 수가 없었다. 컬링이라는 경기가 그렇게 재미있는 경기인지 처음 알게 되었다. 쇼트트랙은 우리나라가 강력한 우승후보의 국가라 어느 나라도 쉬이 볼 수 없는 저력이 있어 올림픽 때마다 꼭 챙겨 보던 경기다. 오늘도 시원하게 쾌재까지 질러대며 보느라 속이 뻥 뚫리는 듯 짜릿했다. 특히, 여자 단체 쇼트트랙에서는 예선전에서 선수가 넘어졌는데도 1위로 통과해 그 큰 재미를 며칠이고 기억할 듯싶었다.

아이는 내가 경기들을 지켜보며 내지르는 환호성에 어느 때보다도 내 큰 몸동작에 두 눈을 동그랗게 뜨고 입은 뾰로통하게 표정을 짓는다.
'우리 엄마 왜 이러지? 과한 거 아냐?'
라는 눈빛으로 자주 날 바라본다. 그러거나 말거나 내가 좋은데, 내가 신난다는 데 뭐가 대수랴. 지금은 딸보다 저 예쁜 선수들이 더 눈에 들어오는 걸 어쩌란 말이냐. 우리 딸내미들, 아들내미들 잘한다, 잘한다! 신난다! 오늘은 여러분이 대한민국 효자 효녀다!

오늘도
마음 졸이던 시간들

2018.02.11.
날씨 : 눈

저녁식사를 시작하고 얼마 지나지 않아 배가 부르다며 딸아이는 먹지 않았다. 저녁 식사 전 아이가 이것저것 많이도 먹었다. 아이가 잘 먹는 모습을 나는 그저 보기 좋아 말리지 않았다. 이렇게 잘 먹으면 아이에게 별 불만이 없다. 오늘 아이의 배 부르다는 한마디가 그저 예쁜 말로 들려 기분이 좋아졌다. 입 짧은 아이를 키우는 엄마의 소소한 행복이 이런 것이다. 저녁상 설거지를 하고 딸에게 이것저것 말을 거는데 딸아이 반응이 별로 없다. 평상시 같으면 조잘조잘 참새 같던 아이가 너무나도 조용하고 차분했다. 대답도 단답형으로 끝나고, 평상시와는 많이 달랐다. 설거지를 끝내고 아이가 누워있는 자리로 가보니 아이가 많이 아파 보였다. 체했던 것이다. 동치미 국물도 소화제도 먹이려 했지만 아이가 완강하게 거부를 한다.

소화제도 자세히 보니 유통기한이 4년이나 넘어서 내용물에 불순물이 떠다니고 있었다. 내가 너무 모지리 엄마라는 생각이 들었다. 내일 꼭 소화제를 챙겨 놔야겠다 마음먹었다. 어느덧 아이는 잠이 들고 난 그 옆을 떠나지 못하고 지키고 있었다. 그러다 내일 출근 준비와 아이가 학교 갈 준비물 등 챙겨야 한다는 생각에 잠시 일어나 이것 저것 챙기기 시작했다. 내 모든 신경이 아이에게 쏠려서 인가? 도통 손에 일이 잡히질 않는다. 출근하는 엄마는 항상 동동거린다. 마음만 동동거릴 뿐 집에서도 회사에서도 부족한 존재로만 여겨질 때가 많다. 특히나 아이가 아주 어렸을 때는 수시로 찾아오는 열감기로 응급실 드나들기를 옆집 친구 집 가듯 했었다. 이젠 아이로 인해 점점 응급실을 찾는 일은 많이 줄었지만 내가 너무 방심을 했나 보다. 비상약을 제대로 챙기지 못한 실수를 하고야 말았다. 난 또 마음이 쪼그라들었다. 그래도 여적 건강하게 자라 준 아이에게 고맙다는 마음을 더 깊고 크게 생각하기로 마음을 고쳐먹었다.

한참이 지났을까?
'이젠 아이도 깊은 잠에 들었겠지.'
생각하고 잠자리를 준비하다 아이를 바닥에 눕히려 일으키니 아이가 잠에서 깼다.
"나 이제 괜찮아."
잠이 아직 그득한 얼굴이지만 엄마가 걱정하는 마음을 읽었던지 나를 안심시킨다. 아이의 상태는 예전의 우리 딸로 돌아와 있었다. 휴! 긴 저녁시간이었다.

생각,
언젠가는 날아오른다

2018.07.06.

날씨 : 마음만은 상쾌했던 날

　꿈꾸는 일들에 대하여 이야기를 써볼까 한다. 참 신기한 일이다. 꿈들이 하나하나 이루어지는 걸 보면 참 신기한 일이 아닐 수 없다. 내가 블로그에 글을 한참 동안이나 못 쓴 이유를 이야기하려고 한다. 그것은 바로 꿈을 실천하기 위해서 움직였기 때문이다. 나도 주위 사람들처럼 편안하고 안정된 직장을 갖고 싶었다. 얼마 전까지 다니던 장애인행정도우미 일은 편안하기는 하지만 안정적이지는 못했다. 고용불안과 낮은 급여로 생활이 다소 힘들었지만 그래도 큰 꿈을 갖고 공무원 시험공부를 했다. 실현이 될지 안 될지도 모를 기약이 없는 꿈을 꾸며 한 걸음 한 걸음 걸어가고 있었다. 그리고 현재 난 새 직장에 취업을 했다. 출근을 하기 시작한 날들은 며칠 되진 않지만 들뜨고 설렌다. 내가 취업을 했다는 게 그저 신기하다. 늦은 이 나이에도 좋은 직장으로 취업이 되었다는 게 스스로에게 놀라웠다.

　내가 이 글을 통해 하고 싶은 말은 정말 꿈꾸면 이루어진다는 이야기를 쓰고자 한다. 차분하게 생각해 보면 장애를 입고 난 직후로 거슬러 올라가 본다. 20대 중반인 그때의 나는 내가 할 수 있는 일은 아무것도 없다고 생각할 수밖에 없었다. 몸도 마음도 모두 무너져 있었으니까 그리 생각하게 된 건 무리가 아니었다. 심지어 부모님은 나를 평생 책임져야 한다는 생각까지 하셨었다. 헌데 지금 나는 서울에서 가정을 이루고 살면서 예쁜 딸과 남편, 그리고 고마우신 시어머님까지 나를 응원해 주고 계시다. 처음 꾸었던 꿈은 시골에서 벗어나 어엿하게 도시에서 생활하는 것이었다. 어떤 유형이든 상관없이 고향집만 아니면 됐다. 그러다 도시로 왔고 도시에서 좋은 사람들도 만나 인맥도 넓히고 직장을 갖게 되었다. 그리고 꿈꾼 것이 평생 반려자를 만나는 것이었다. 정말 그 소원이 이루어져 지금의 남편을 만났다. 그리하여 예쁜 아이도 갖게 되었다.

장애를 갖고 꾸던 꿈들이 정말 하나하나 이루어지고 있다. 자세하게 더 많은 게 이루어졌다고 말하고 싶지만 워낙 소박한 꿈들도 있었고
'설마 이루어지겠어?'
라 생각하던 일들까지 이루어지고 시간이 많이 흐르고 흘러 언젠가는 그 모든 꾸었던 꿈들을 하나하나 새롭게 엮어보고 싶다는 생각에까지 이른다. 나 뭔가를 알 것만 같다. 꿈을 갖고 그 꿈을 버리지 않는다면 언젠가는 모든 일이 내가 바라던 대로 이루어진다는 걸.

'이젠 좀 쉬어야겠다'라는 생각이 들었을 때 아이에게 좋은 본보기가 되고 싶어 생각했던 게 엄마도 할 수 있다는 걸 보여주고 싶었다. 외동으로 자라는 아이라 형제들과 지내며 경쟁하고 배우는 게 아닌 엄마인 나를 통해 세상을 배워가는 게 내 눈에 아주 크게 보였었다. 이따금 그런 아이의 모습에 부담감이 들 때도 있었지만 다시 생각하니 책상에서 공부하는 모습을 아이에게 보여주는 것만큼 좋은 게 없다는 걸 깨닫고부터 이렇게 엄마

인 내가 더 큰 꿈을 그려가기 시작했다.

　이다음에 아이가 아이의 인생을 바르게 살길 바라는 마음을 담아 기도하듯 하루하루 더해왔다. 아직 아이는 꿈이 있는지 모르겠다. 하지만 엄마가 걸어가는 길을 보면서 아이도 뭔가 깨닫게 되길 바라본다. 나는 올 크리스마스 때 또 이루어졌다고 웃으며 가족들과 소박한 파티를 하는 날을 기다려본다.

성당 도서관에서 보냈던 추억 중
한 조각을 떠올릴 수 있는 사진입니다.

3장

자녀를 키운다는 건
매일 놀랄 준비

시간이 간다

김현정

시간이 간다

숨만 쉬고
눈만 껌뻑여도

시간이 간다

마음이 아플 때
집채만 한 파도 같던 풍랑의 시간도
그랬고
마음이 꽃동산에 노닐던 시간도
그랬다

멈추어 있다 생각하던 때
뒤돌아보니
아등바등했지만 잘 흘러갔다

앞으로 뭐든 다 이룰 수 있고
기쁜 나날만 생각하던 때
뒤돌아보니

추억이 되어 잘 흘러갔다

허허허

나도 이젠 나이가 드나 보다
굴곡 많던 지난 시간들이
편안해진 걸 보니

까만 밤을
하얗게 새우며

2018.12.14.
날씨 : 겨울의 한 자락

어제 저녁부터 아이가 힘 없이 침대에 누워 목이 아프다 했다.
'감기가 오려는 건가?'
라는 생각만 하고 힘들어하는 아이를 달래 밥을 먹였다. 아이는 밥 넘기기가 힘들다고 했지만 아프니까 더 잘 먹어야 한다며 조금이라도 먹기를 바라는 마음을 전했다. 기운 없는 아이가 몇 숟가락 뜨더니 다시 침대로 간다. 집안일을 마무리하고 누워 있는 아이의 이마를 짚었더니 뜨끈한 열이 내 손에 전해져 왔다. 입고 있던 꽉 끼는 옷을 헐렁한 잠옷으로 입힌 후 잠자리를 마련해 주고 재웠다. 우리 부부의 일상적인 저녁시간을 보내고 있었다. 그러다 문득 아이를 보니 열이 오른 얼굴이었다. 그때부터 우리 부부는 마음이 분주해졌다.

"아, 제대로 감기가 왔구나!"
아이 아빠는 물수건을 만들어 이마에 올려주고 나는 물수건으로 몸을 닦아주면서 아이의 상태를 살폈다. 다시 이마에 손을 올려보니 열이 내릴 기미가 없다. 물수건으로 아이의 온 몸을 열심히 닦았다. 얼마나 지났을까? 열이 조금 내렸다. 응급실로 가 봐야 하나? 고민을 하다 날이 밝으면 동네 병원으로 가 보자 하고 잠이 들었다.

　아이가 아파서 끙끙 앓는 소리에 이어 뭔가 이상한 작은 움직임이 있었는지 남편이 잽싸게 바른 자세로 누워 있던 아이의 몸을 돌려 옆에 있던 빈 바가지를 아이의 입에 대주었다. 아이는 토했다. 남편이 그 순간을 어떻게 알아차렸는지 난 그저 신기했다. 그 후 나는 나대로 남편은 남편대로 꼬박 날을 샜다. 아침 7시쯤 아이의 아파하는 모습에 더 이상은 안 되겠다 생각하며 응급실로 가야 한다는 결정을 내리기 직전이었다. 아뿔싸, 편의점에서 상비약을 판매한다는 사실이 그제야 떠올랐다. 우리 동네 편의점은 24시간 운영하는 곳인데 어젯밤에 왜 그 고생을 했는지 허무했다. 나 자신이 잠깐 한심하기도 했다. 부랴부랴 옷을 입고 편의점으로 달려가 액상 해열제를 사서 손에 쥐니 그제야 졸아들던 마음이 편해졌다. 평상시 들를 일도 없던 우리 동네 편의점이 참으로 소중하고 귀한 단골가게 마냥 반가웠다.

　그리고 해열제가 그렇게 귀하고 귀해 보이기는 참으로 오랜만이었다. 참, 이 약 한 병을 구하지 못해 발을 동동 굴렀던 지난밤이 야속했다. 밤을 새워 고열에 시달리던 아이는 약을 먹이고 얼마 지나지 않아 열이 내리고 평상시처럼 잘 지내게 되었다. 나도 남편도 긴장이 좀 풀리면서 한숨을 돌렸다. 아이가 아프다는 건 내가 아픈 것보다도 훨씬 더 긴장하게 되는 것 같다. 그리고 아이의 밝은 웃음소리가 얼마나 귀한 것인지 제대로 느낀 하루였다. 오후에는 다시 열이 오르는 아이를 데리고 근처 병원을 다녀왔다.
　어젯밤부터 오늘 오전까지 정말 시간이 길고 마음이 아팠던 순간이었다. 그래도 다 잘 지나갔다.

아이의 작은 행복

2018.12.15.

날씨 : 찬바람 일던 하루

　우리 아이는 집에서 학습지로 공부를 한다. 학원을 보내 줄까? 했는데 아이도 내키지 않다고 하고 나도 학원에 치이는 건 내키지 않아 학습지로 하기로 했다. 그런데 이 꼬맹이가 학습지의 양이 별로 안 되는데도 이 핑계 저 핑계로 자꾸만 미룬다. 그래서 어제는 따끔하게 야단을 좀 쳤다. 그랬더니 눈물을 글썽이며 너무 힘들다고 한다. 엄마가 시킨 여러 가지와 학습지 숙제, 학교 숙제까지 많이 버겁다고 한다. 그 말을 들으면서 나도 한편으로는 내가 너무 많은 걸 아이에게 짐 지웠나? 잠시 아이의 입장과 현실적인 학습정도를 생각해 봤다. 하지만 다시 아이의 공부 버릇을 들여야 한다는 현실적인 생각이 방금까지 아이의 마음을 달래려던 상황을 뒤덮었다.

　단호한 엄마가 되어야 한다 생각이 들었다. 다른 아이들이 학원에서 공부하는 양에 비하면 우리 아이는 이 양도 다 할 수 있다는 생각이 커졌다. 아이에게 약한 엄마의 모습을 보이면 안 된다는 생각에 마음이 아팠다. 마음껏 놀 나이에 원대로 놀게는 못해주고 자꾸만 공부 타령하는 나 자신도 살짝 미웠다.

　그러던 차에 학습지 선생님께 딸이 독감이라고 말씀드렸더니

"어머님, ○○이 이번 주는 숙제 안 하게 해 주세요."

라 말씀하신다. 어머나, 이렇게 쉬어도 되는 걸 내가 왜 이리 강요를 했나 반성했다. 이 전화통화 내용을 듣던 아이는 금방이라도 울 것 같던 슬픈 얼굴에서 어느새 세상 다 가진 것처럼 좋아하는 표정이 되었다.

아이를 사랑하는 방법이 수만 가지일 텐데 왜 나는 강요로 아이의 행복을 보지 못했을까? 내일은 맛있는 밥상으로 아이가 행복할 수 있게 해 줘야겠다.

아이가 집에서 노는 다양한 방법 중 하나로 이렇게도 하더군요.

아줌마의
여유 있는 하루

2018.12.20.

날씨 : 그저… 그랬던 날

얼마 전 새로운 회사에 취업해 아주 좋았던, 날아갈 것 같던 그 순간은 과거가 되었다. 짧았던 환희의 순간은 그보다 더 긴 전업주부 또는 백수라 불리는 시간으로 채워가고 있었다. 뭐든 시작해서 잘되기만 한다면 세상에 고민 있는 사람이 어디 있을까? 난 그냥 잠시 쉬어 가는 시간 갖게 된 거지. 휴! 셀프 다독다독해 본다. 이런 시간이 주어진 가장 좋은 것 하나는 딸과 같이 지내는 시간이 늘었다는 것이다. 아이가 좋아할지는 의문이고 그저 엄마만의 만족일지도 모르겠다.

아이가 학교에서 2시 반쯤 돌아왔다. 요즘 들어 아이 친구들은 다 학원으로 가고 아이는 집으로 일찍 온다고 한다. 그래서 심심한 아이를 살살 꾀어 마트로 갔다. 여름에는 시원한 피서지였던 버스는 어느새 따뜻한 온기가 가득한 피한지(?)가 됐다. 따뜻한 기운과 항상 다니는 익숙한 풍경을 보면서 내릴 정류장에서 내려 마트로 향했다. 마트의 진열대마다 가득한 상품들을 천천히 구경하며 과거와 많이 달라진 다양한 형태의 상품들에 살짝 놀랐다. 특히, 사회적으로 1인 가족이 많아서인가? 찌개나 국 등 작은 포장지에 든 상품들과 밀키트라는 이름으로 찌개나 탕으로 끓일 재료들을 플라

스틱 통 하나에 담아 판매하는 상품들이 신기하다. 난 작은 주택가의 작은 마트를 주로 이용하는지라 우리 동네의 마트와 대형 마트의 차이가 크게 느껴진다.

오늘의 마트 투어는 가벼운 주머니 사정과는 전혀 상관없이 눈도 기분도 호강인 하루로 채워져 든든한 하루가 되었다.

따듯한 선물

2018.12.25.
날씨 : 맑음

작은언니가 보내 준 케이크 쿠폰을 케이크로 교환하고자 아이와 함께 집을 나섰다. 아이는 얼마나 예쁜 케이크를 손에 넣을지 벌써부터 상상의 나래를 폈다. 혹시 크리스마스 케이크를 찾는 이가 많아서 남은 케이크가 없을지도 모른다는 걱정도 하고 보내 준 쿠폰이 얼마인지 묻기도 했다. 귀여운 녀석. 우리 딸이 유모차를 타는 아가였을 때는 우리도 매년 크리스마스 케이크를 사서 먹었다는 이야기를 전해줬다. 그러자 아이는 큰 눈을 더 크게 뜨며 묻는다.

"그런데 지금은 왜 안 먹어? 나는 먹었던 게 한 번도 기억이 안 나는데?"
"응, 언제 한 번은 케이크를 사서 집으로 왔는데 케이크가 평상시와 다르게 비싸기만 하고 상태가 엉망이라서 그 다음부터는 그냥 맛있는 다른 음식으로 대신했지."
라고 대답해 줬다.

이번에도 케이크가 엉망이면 어쩌나 하는 걱정이 살짝 들었지만 아이가 실망할까 말을 아꼈다. 옆 동네 베이커리로 들어가자 한산한 가게 안 진열장이 보였다. 케이크도 여유가 많은 듯했다. 예쁘고 아담한 케이크를 받아서 쿠폰을 제시하고 가게를 나왔다. 아이가 뛸 듯이 좋아했다.

'저렇게 좋아하는 케이크를 왜 안 사줬을까?'

라는 생각이 잠시 스쳤다. 매번 나는 건강한 먹거리를 먹이려고 애쓰고 있다. 기름지거나 몸에 좋지 않은 것은 되도록이면 안 먹이려고 했다. 그런데 오늘 보니 그런 음식도 아이가 좋아한다면 가끔은 아이의 행복을 위해서 먹는 것도 나쁘지만은 않은 것 같다.

집에 오자마자 점심을 먹고 네 식구가 케이크 주위로 둘러앉았다. 크리스마스라 초는 하나만 꽂았다. 그저 아이와 크리스마스를 의미 있게 보내고 싶어 이런 유치한 것도 해본다. 케이크를 보내 준 작은언니, 고마워!

아이와의 시간은
놀람의 연속

2019.01.02.

날씨 : 웃음소리 넘치는 하루

아이가 작년 초 아니 재작년부터 햄스터를 키우겠다고 계속 우리 부부에게 졸랐다. 아이 아빠는 동물 털 알레르기 때문에 끝까지 반대했지만 나는 아이의 바람이 너무 간절해 보여 조건부 승낙을 했다. 조건은 간단했다.

1. 햄스터가 아이의 방에서 나오면 안 된다.
2. 관리는 전적으로 아이의 몫.
3. 햄스터를 비롯한 각종 준비물과 먹이의 경제적 부담은 아이의 몫.

이와 같은 조건을 달고 아이에게 그래도 키우고 싶다면 지금부터 열심히 심부름과 착한 일을 많이 해 용돈을 모아야 할 거라고 말해줬다. 아이와 흔쾌히 합의를 보고 우리는 아이가 전과는 다르게 친구들 몇몇과 드나들던 문구점, 분식집, 편의점 등 전혀 가지 않는 모습을 보고 적잖이 놀라지 않을 수 없었다. 주마다 받는 용돈은 거의 쓰지 않고 저금통에 꼬박꼬박 모았다. 심지어는 친척분들이 주시는 용돈도, 백 원, 이백 원 같은 잔돈도 다 모았다. 아이의 목표금액은 15만 원이었다. 이 돈을 모으기 위해 아이는 설거지도 하고 엄마, 아빠의 자잘한 심부름도 잘했다. 얼마나 갈까? 라는 의문은 두 달이 넘어서까지 계속되었다. 이런 아이의 모습을 본 우리 부부는

'아, 이러면서 철드는 거구나.'

라고 생각했다.

그런데 어느 날, 저녁식사 준비를 하는 나에게 조용히 다가오더니
"엄마, 나 햄스터 안 키울 거야."
"그래? 어떻게 그렇게 생각하게 되었을까?"
"음, 햄스터를 키우게 되면 햄스터가 아플 때 병원을 가야 하고 약도 먹이잖아. 그 돈이 만만치가 않을 거래."
"그래서 그 오랫동안 벼르던 햄스터를 포기하는 거야?"
"나 그렇게 큰돈은 없어."
"그래? 그럼 어쩔 수 없지. 그럼 용돈 모은 건 목돈 된 거네?"
라 하는 대화까지 오자 아이는 그제야 제일 중요한 본론을 꺼냈다.
"엄마 나 다른 거 살 거야. 그게 터치마커펜이라는 건데 168색이야."
여기까지 들은 나는 '마커펜? 펜이라는 게 뭐, 그게 얼마나 비싸겠어?'라 가볍게 생각했다.
"그래? 그게 얼마나 해? 네 돈이니까 사는 건 뭐, 네 맘이지. 얼마야?"

.
.
.

"7만 3천 원."
띠로리~ 뚜둥!
헉, 15만 원에는 못 미치지만 펜이 7만 3천 원이라니. 아이는 그걸 꼭 사야 한다고 나를 40분 넘게 설득했다. 결국 나는 백기를 들었다.

"사."

라는 말이 떨어지기가 무섭게 아이는 인터넷 쇼핑몰에서 장바구니에 그 펜을 담고 나에게 세상에 내려온 천사 같은 눈망울을 굴리며 살포시 미소까지 드리우고 예쁜 목소리로 말한다.

"엄마, 결제해 주면 내가 현금 줄게요."

그렇게 마커펜을 구입했다. 아이는 3일 동안 스마트폰으로 쇼핑몰 배달 현황을 보며 스무 번도 더

"언제 와?"

라 물었다. 초등 고학년 자녀를 두셨던 엄마들께 진심으로 묻고 싶다. 아이들 이렇게 크는 거 맞죠?

나이가 든다는
아름다움

2019.01.10.
날씨 : 일을 하기 좋았던 날

　업무로 인해 어르신분들과 소통을 해야 하는 일이 있을 때가 있다. 오늘도 그런 일을 하다가 곱고 고우신 70대 정도로 보이시는 할머님 한 분께 개인정보가 적힌 신청서류를 받았다. 대부분의 어르신분들께서는 서류작성이 힘드시다며 우리에게 미루시기가 일쑤였지만 이분께서는 직접 작성을 다 하셨다. 무심코 서류를 받아 업무처리를 하려고 보니 연세가 무려 100세이셨다.

　정확하게 올해 우리나라 나이로 100세. 연세를 확인한 직후 놀라는 기색을 살짝 감추고 할머님 얼굴을 더 자세히 살펴봤다. 정말 내가 뵙기로는 70대 후반 정도밖에는 안 보이는 얼굴을 하고 계셨고 신체 건강도 70대 후반 정도로 밖에는 보이지 않았다. 내가 70대 후반이라고 단정하는 이유는 우리 친정 엄마와 시어머님께서 현재 80을 바라보는 연세이시기 때문이다. 두 어머님보다 더 건강해 보이시고 얼굴도 온화해 보이셔서 그렇게 봤지만 정확하게 100세!

　할머님께서는 백발의 머리카락 말고는 나이를 가늠할 수가 없을 정도로 글도 잘 쓰시고 젊은이들과 소통도 전혀 무리가 없으시고 신체도 건강하셨다. 업무를 다 마치고 가시는 뒷모습도 어쩜 그리도 고우신지, 한참을 바라봤다. 업무 상 어르신들을 뵐 일이 많다 보니 많은 분들을 보게 된다. 그러다 알게 된 것은 연세가 어느 정도 되면 내 인성도 성격도 얼굴과 말투에 그대로 나타나게 되고 그 후로는 연세 가늠이 잘되지 않는다는 사실이다. 오늘처럼 깜짝 놀랄 만큼 이런 어르신을 가끔 뵙게 되면 나도 꼭 그분들처럼 온화하고 평화로운 얼굴로 노년을 보내고 싶다는 생각이 든다.

내가 어렸을 때 어르신들의 말씀을 듣다 보면 삶에서 교훈이 될만한 말들을 접할 때가 있다. 그럴 때마다 난 겉으로 내색은 하지 않지만 깜짝 놀란다. 그런 말씀 중 하나가 불현듯 머리를 스쳤다. 나이 40이 넘으면 본인이 가진 얼굴에 책임을 져야 한다는 말이 그랬다. 어릴 때 접한 이 말이 그때는 무슨 말인지 사실 실감이 나지 않아 무슨 말인지 몰랐었다. 하지만 지금은 안다. 이분과 같이 평화로운 얼굴로 사는 게 곧 잘 살아 가는 삶이라는 것을 알게 되었다.

나와 한 집에서 같이 방을 쓰며 사시는 그분도 편안하고 편안한 대화로 나와 연을 맺고 내 인생에 반을 차지하고 계시다. 그러니 나도? 조금은 가능하지 않을까? 퇴근하고 사무실을 나와 남편이 나를 태워가겠다고 세워둔 차가 보였다. 그 차의 조수석 문을 열며 오늘 느낀 이 모든 느낌을 다 말하고 싶었지만 아꼈다. 남편이 훌륭해 보인다는 말은 아꼈다. 온 식구가 같이 저녁식사를 하며 기회가 왔을 때를 놓치지 않고 아이에게 말했다.
"딸, 이다음에 남편이 될 남자를 고를 때 꼭 아빠 같은 사람을 골라야 해. 알겠지?"

내 의중을 아는지 모르는지 그저 남편은 조용히 웃는다. 오늘 이 느낌을 오랫동안 잊지 않고 가슴에 새기고 싶다.

아빠, 엄마가 뭔가 바빠 보이면 아이도 같이 움직이는 걸 익혔어요.

혹시, 아이가 나를 키우는 건가?

2019.06.03.
날씨 : 바람 솔솔 불던 하루

며칠 전 퇴근하고 집에 와서 매일 하는 아이 숙제 검사를 했다. 그날 불시 검사를 하니 밀린 수학 학습지 한 권과 그날의 문제집도 풀기 어렵다며 볼 맨 소리를 했다. 처음에 생각하기로는 아이가 꾀가 생겨 노는 것에만 관심이 있어 그러나 보다 생각하며 야단을 치려고 마음을 먹었다. 아이와 마주 앉아 무엇이 문제인지를 알고자 대화를 시작했다.

아이가 왈,

"무엇 때문에 이런 숙제를 해야 하는지도 모르겠고 수학이 너무나 어려워서 지쳐."

자기 생각을 분명하게 말하는 아이에게 겁주는 부모의 모습을 보여주는 건 어리석다고 순간 생각이 들었다. 생각해 보니 나도 어렸을 때 똑같은 고민을 했었다. 그러나 그때는 부모님도, 선생님도 어린 학생들과 대화다운 대화가 불가능했다. 그저 억압과 매로 다스리던 시기라 이유도 모른 채 공부를 했었고 전혀 행복하지 않았다. 아이의 마음을 듣고 나니 그동안 엄마가 케케묵은 옛날 방식으로 아이에게 공부만 하라고 짐 지웠다는 걸 느꼈다. 공부를 하는 이유를, 공부를 하면서 느끼는 성취감을 아이가 스스로 알고 느끼도록 해야 하는데 그러지 못했다.

아이에게 행복을 심어 주기로 약속했는데 또 그걸 잊고 있었다. 그래서 아이에게 말했다.

"아이야, 네가 어떤 걸 하던 행복한 걸 찾으면 엄마, 아빠가 응원하고 지원해 줄게. 네가 행복할 수 있는 걸 찾아보도록 해. 네가 원하는 걸 하는 건 자유란다. 그렇지만 자유가 있으면 의무도 있어야 해. 자유와 의무에 대해~"

아이와 장시간 토의를 했다. 아니 70%는 엄마의 강의였다. 그렇게 아이가 알아야 할 자유와 의무에 대해 한 시간 반 동안 이야기를 했다. 그 대화의 주된 이야기는 나이가 많고 몸이 크다고 해서 어른이 되는 건 아니라고, 지켜야 할 의무와 권리를 따라야만 그리고 배려하는 인성을 갖춰야만 어른이 되는 거라고 이야기를 하고 내방으로 돌아오는데 왜 이리 내 뒤통수가 당기고 마음에 가시 같은 게 콕콕 찔리는지.

나는 과연 바른 어른일까?

마음에
위안이 되었던 곳

2019.06.05.

날씨 : 산으로 떠나는 날은 그저 좋은 날

한 달여 전까지 살던 강동구의 한 동네, 집은 반지하지만 행복했다. 비록 햇빛이 들지 않아도 방에 습기로 인한 곰팡이가 생겨도 그저 행복했다. 집 바로 앞이 놀이터라 아이가 밝게 웃으며 노는 모습만 봐도 좋았고 아름드리나무가 많은 동네 근처 야트막한 산이 있어 좋았다. 그곳에서 6년 정도를 살다 보니 고향집처럼 느끼기까지 했다. 마음 좋은 동네 이웃사람들은 가까운 친척보다 더 친근했다.

출근하면서 만나는 붉은 벽돌집주인아주머니는 계단마다 또는 마당 가득 심어져 있는 꽃과 고추, 상추 화분에 물을 주며 아침인사를 했다. 아주머니의 밝은 하회탈과 같은 미소에 무거워질 것 같던 출근 발걸음이 한결 가볍게 느끼기도 했다. 어쩜 저리도 밝게 지낼 수 있을까?라 생각했지만 아주머니의 아저씨께서는 암으로 투병 중이시라고 하셨다. 그 사실을 처음 알았을 때 나는 깜짝 놀랐다. 속상한 마음 잠시 접어 두시고 이른 아침부터 부지런하고 밝은 얼굴로 이웃들과 인사 나누신 아주머니, 그동안 정말 감사했어요. 그리고 아저씨 빠른 쾌유를 위해 기도하겠습니다.

옆집에 홀로 사시던 사탕 할아버지. 항상 놀이터나 길에서 만나는 아이들과 어른들에게 사탕을 하나씩 나누어 주셔서 생긴 할아버지의 별명이었다. 사탕은 80이 훨씬 넘으신 연세에 작은 달콤함까지도 천사 같은 아이들과 나누시던 할아버지의 온정 가득 담긴 작은 선물이었다. 지금 건강은 어떨지, 이사 오기 몇 달 전부터 뵙지 못했다. 그곳을 떠나오고 가장 근황이 궁금한 할아버지다. 꼭 건강하게 오래오래 사시도록 기도할게요.

우리 딸아이가 6살 때 큰 개를 목줄도 안 하고 다니던 아주머니로 인해 사나운 그 개가 우리 아이를 공격했었다. 난 불편한 몸을 재빨리 움직일 수 없어 당황하고 있을 때 앞집 주인아주머니와 아저씨께서 개 주인을 야단쳐 주시고 앞으로 개를 데리고 외출할 때는 꼭 개 목줄을 하고 다니겠다는 다짐까지 받아 주셨던 기억이 난다. 앞집 택시 기사 아저씨, 아주머니 잘 계시죠? 제가 덕분에 그곳에서 잘 지냈습니다. 고마웠습니다.

이런저런 사연들 다 나열하고 싶은 이웃 많았던 나무 많은 동네, 행복했어요. 그 감사한 모든 것 잊지 않고 마음에 새길게요. 행복하세요.

항상 말없이
쉴 곳이 되어주는 곳

2020.03.18.

날씨 : 맑음

봄이다.

집에만 있었더니 너무 무료해서 지난 주말에는 근처 검단산으로 향했다. 처음 가게 된 검단산이라 산세는 험할지, 길을 잃지는 않을지 걱정이 사실 살짝 들기는 했지만 내가 몇 번이나 계획하고도 가지 못했던 산행이라 이번만은 길게 고민하지 않고 물병 하나만 달랑 챙겨 부랴부랴 출발했다. 집에서 나오며 생각해 보니 주말 외출이 그리 어렵기만 한 건 아닌 것 같다. 거창한 계획 세우기보다는 모자 하나 달랑 쓰고 나오기만 하면 되는 것을 무에 그리 주저하기만 했던지.

버스 정류장에서 지도검색을 했다. 검단산은 집에서도 그리 멀지 않은 곳이었다. 지도로만 봤을 때보다 등산로 입구까지의 거리는 15분 남짓밖에 걸리지 않았다. 하남으로 이사 와서 집 근처의 시장과 도서관만 왔다 갔다 했더니, 내가 사는 도시인데도 아직 낯이 설다. 세상으로의 발걸음은 생각보다 가볍다 느끼며 버스 정류장에서 내렸다. 스마트폰 지도 앱을 보고 또 보고를 반복하며 걸어 어느새 검단 산 입구에 도착했다. 다른 산행에서 느껴지던 산 입구보다 훨씬 도시 시내와 가까웠고 산 입구도 조용하며 자그

마했다.

　비닐하우스 가건물로 된 화원을 끼고 돌아 도토리묵을 파시는 아저씨와 자그마한 텃밭들이 눈에 들어왔다. 어느새 와버린 봄이었다. 이번 봄은 내가 제일 먼저 맞이하고 싶었다. 그래서 꽃봉오리도 보일까 말까 한 나뭇가지 사진도 찍어 보려고 했는데 아무래도 나보다 먼저 봄을 맞은 사람들이 많았다. 그분들이 산을 오른 후 내려오며 나와 인사를 한다. 이런, 이번에도 나는 게을렀나 보다. 그래도 푸릇푸릇 한 들풀들과 산에서 번져오는 봄 향기는 게으른 나에게 기분 좋은 편안함을 안겨줬다. 산으로 오르는 길에는 여느 산들과 마찬가지로 나 혼자가 아니었다. 꼬마 아이와 온 아빠, 중학생 정도의 아들과 그 부모님, 반려견과 온 젊은 여성, 중년의 아저씨, 산을 오르게 되면 으레 만나게 되는 산 친구들이었다. 처음 뵙는 얼굴에 이름도 나이도 모르지만 편안하게 말을 건넬 수 있는 오늘의 벗이 된다. 험하지 않은 산길을 편안히 걸으며 발끝으로 전해지는 산을 느꼈다. 걸으면서 산속을 걷는 게 이렇게 좋은 걸 그동안 무에 그리 바쁘다고 오지 못했을까?

　어느 만큼을 걸었을까? 여기저기 진달래꽃 봉오리들이 보이기 시작했다. 그 꽃봉오리들이 내 발걸음을 잡았다. 혼자 보기 아까워 스마트폰을 꺼냈다. 진달래를 찍고 나서 사진을 바라봤다. 실제 눈으로 볼 때와는 또 다른 느낌이었다. 그래서 오던 길을 내려다 보며 주변을 찍었다. 산을 오를 때의 기분이 지금 그 사진들을 보면서 떠오르는 느낌과는 조금 달랐다. 산을 오르면서는 편안함과 익숙함에 마냥 그곳에 있는 사람처럼 느껴지던 그 느낌이었다면 사진으로 보는 느낌은 작은 보물 상자를 몰래 훔쳐보는 느낌이라고 표현하면 맞을까? 진달래와 산세를 보며 머물다 시간이 어느새 예상보다 늦어져 버렸다. 산 정상까지 가려던 계획은 진달래와 산에서 놀다 왔다 정도로 마치고 오르던 길을 다시 밟으며 내려왔다. 그래도 기분이 나쁘지는 않았다.

버스를 타기 위해 공영차고지 근처 버스 정류장을 찾았지만 보이지가 않았다. 그러다 정류장 표지판은 없지만 혹시 여기 버스가 서지 않을까? 하는 공영차고지 근처 벤치로 가 앉아서 기다렸다. 10분 정도 기다렸을까? 내가 탈 버스가 내 쪽이 아닌 다른 쪽으로 가기 위해 나와서 신호를 기다리고 있었다. 절뚝이는 발로 뛰다시피 걸어가 버스기사님에게 나 좀 태워주라는 간절한 눈빛을 보냈다. 기사 아저씨는 문을 여시며 말씀하신다.
"다음부터는 안쪽 자전거 세워져 있는 쪽 버스정류장에서 타세요."
"감사합니다. 안쪽에 버스정류장이 있었군요."
라 짧은 대화를 이어갔다. 집에 도착하니 어느덧 저녁 시간이었다. 산행의 피로 때문인지 밥맛이 꿀맛이다. 두 그릇도 먹을 수 있었다. 산행으로 몸은 여기저기 아프지 않은 곳이 없었지만 마음만은 구름 위를 날았다. 그리고 돌아올 한 주가 기분이 좋을 것 같은 기대가 된다.

오늘 느낀 건
'오늘도 산은 말이 없었다.'
는 걸 크게 느낀 하루였다. 그렇지만 산은 나에게 그 어떤 말보다 훌륭한 인상을 선물로 주었다.

회상.
이사 후 1년…

2020.03.25.
날씨 : 맑음

　내가 아파트에 입주한 지 얼마 후면 일 년이다. 아파트 입주 전부터 희망과 기쁨, 설렘 등으로 하루하루를 보냈던 우리 가족이 처음 갖게 된 우리 아파트였다. 입주하던 그날은 하루 종일 가슴이 두 방망이질을 치면서도 이성의 끈을 놓지 않으려 마음을 다잡으며 대출과 이사를 동시에 진행했다. 이 복잡한 일들을 잘해내야 한다는 부담감에 무거운 돌덩이를 얹은 것처럼 무거운 몸을 이끌고 이삿짐을 트럭에 옮기고 은행으로 향했다. 은행에서 진행되던 대출서류 작성 절차는 봐도 들어도 무슨 말인지 잘 모르겠지만 두 눈 동그랗게 뜨고 집중하며 머리에 담으려 애를 썼다. 모든 대출 절차를 마치고 은행문을 나서며 잘 처리했다는 안도감으로 4월의 시원한 공기를 느끼며 하늘을 올려다봤다. 하늘이 유달리 시원하게 맑았다.

　입주하는 아파트에 다다르자 내 집 아니 우리 집이라는 실감이 나지 않으면서도 어찌나 멋진 성처럼 보이던지, 그때의 첫 입주날을 아직도 잊을 수가 없다. 집으로 들어와 이삿짐센터의 아저씨들은 자질구레한 짐들과 큰 짐들을 집안 여기저기에 놓으셨다. 절약하며 하는 이사였으므로 포장이사가 아닌 용달 트럭 이사였기에 이삿짐센터 아저씨들은 여기까지 도와주고 가셨다. 여기저기 쌓여 있는 짐들이 작은 동산처럼 보였지만 전혀 힘들 것 같지 않았다.

팔순을 바라보시는 어머님도 초등학교 다니는 아이도, 너 나 할 것 없이 일손을 도왔다. 아침에 출발했던 이사는 바깥으로 깜깜한 어둠이 내려서야 대충 자리만이라도 잡게 되었다. 그러다 점심도 김밥 한 줄로 때웠던 가족들의 허기가 걱정되기 시작했다. 이제 저녁을 먹고 하자는 내 말이 끝나기도 전에 아이가

"이삿날은 당연 짜장면, 짬뽕!"

을 외친다.

분당의 작은 아파트에서 얼마 전 살던 동네로 이사 가던 그날이 생각났다. 우리는 이삿짐을 풀다 짜장면을 먹었었다. 우리 부부야 대충 먹는 음식이라 생각했지만 아이는 맨날 먹는 밥이 아니니 무척 좋았었나 보다. 그래서 이사 가던 날의 짜장면을 아주 좋은 추억으로 자주 이야기했었다. 정작 우리 부부는 반지하 집, 여기저기 손볼 곳 많고 불편한 집으로 이사하게 되어 그리 썩 좋은 기억은 아니었는데도 말이다.

지금은 아파트로 집을 사서 왔으니 6년 전의 기억은 이젠 쓰디쓴 보약이 되었다 생각한다. 작은 테이블에 짜장면과 짬뽕을 올려놓고 먹으며 다들 웃음과 감탄이 끊이지 않았다. 그날 밤 어린아이를 키우며 없는 돈에 아끼느라 궁색하게 살던 순간순간들과 아이가 고생했던 기억들이 잠깐 내 머릿속을 스쳐 지나가며 오늘도 눈물 한 방울로 베갯잇을 적셨다. 그리고 금세 잘 이겨낸 우리 가족에게 감사한 마음이 크게 들었다. 가족이 아니었다면 오늘과 같은 좋은 날을 내가 맞을 수 있었을까? 앞으로도 더 큰 목표를 갖

고 매진하면 안 될 게 어디 있겠는가 라는 생각에 다시 한번 큰 마음을 먹기로 했다.

다음 달이면 이사 온 지 1년이 된다. 이번 주말에는 내가 일 년 동안 처음 가졌던 마음들이 얼마나 지켜졌는지 점검을 하고 다시 계획들을 정리하는 시간을 가져봐야겠다.

산에 오르면 잘 모르던 나를 발견하게 되어
산을 좋아합니다.

어린이날,
아이의 뒷모습

2020.05.05.

날씨 : 하늘은 맑음 마음은 흐림

　분당에 사는 친구 모녀와 우리 모녀가 이번 어린이날을 같이 보내기로 했다. 친구의 제안으로 가기로 한곳은 시원한 남한산성 계곡이었다. 약속을 할 때부터 나는 들뜨기 시작했다. 이번 어린이날을 재미있게 보내게 될 아이를 생각하면서 계곡에 가 어떻게 놀지 계획하고 어떤 먹거리를 가지고 갈지 궁리하며 며칠의 시간을 보냈었다. 드디어 어린이날 아침이 찾아왔다. 너무 기대를 해서였던가? 늦잠을 자버렸다. 늦게 일어나 부리나케 준비를 했다.

　가기 싫다는 아이를 달래고 달래 겨우 출발을 했다. 야탑역으로 가는 버스를 타기 위해서는 한번 환승을 해야 했다. 집 앞 버스정류장에서 탄 버스에서 다른 버스로 갈아타기 위해 육교를 건널 때 친구에게 전화가 왔다. 출발했다는 내 말에 미안하다며 친구의 딸이 약속이 있어 못 만난다고 했다. 속이 상했다. 그래도 티를 낼 수 없는 게 작년에는 우리가 취소했던 경험이 있어 속상한 마음 감추고 괜찮다고 애써 말했다. 그 모습을 옆에서 보던 딸아이가

　"나는 안 괜찮아."

라고 한다. 아, 속상한 마음이 더 커졌다.

우리 둘 만이라도 가까운 산 밑으로 맛있는 과일과 치킨을 가져가 먹자고 달랬지만 아이는 벌써 실망감에 얼굴이 굳었다. 내가 해 줄 수 있는 게 이렇게도 없나? 오늘도 난 무능력한 엄마가 되었다. 이젠 뭔가 배터리가 다 빠진 것 같은 기분이 든다. 뒤돌아서 가는 아이의 뒷모습에 아이를 더는 불러 세울 수 없었다. 그렇게 아이는 집이 아닌 아이의 친구를 만나겠다며 가버렸다.
괜찮다. 괜찮다. 오늘만 있는 게 아니니 괜찮다.

가족이라는
이름의 울타리

2020.05.09.

날씨 : 주룩주룩…비

　지난주 동대문에서 산 이불 중에 환불할 게 있어 점심 식사 후 동대문으로 향했다. 춥지 않게 단단하게 입은 재킷, 자동 접이식 우산, 지팡이와 가방을 메고 아파트 단지를 빠져나오자 생각보다 비가 그렇게 부담스럽지는 않았다. 너무 큰 걱정을 했던 걸까? 오히려 오랜만에 느끼는 비가 기분 좋았다. 집에서 무료하게 지내는 것보다는 이렇게 나와 목적지를 정하고 가서 할 일들을 떠올리는 상상만으로도 즐겁다. 이런 이유로 내가 동대문을 종종 찾는 이유다. 가끔 그 복잡한 동대문에서 계획했던 일들이 내 상상에 비해 초라한 결과로 이어지거나 대부분 시도조차 하지 못할 때도 있지만 그래도 다음번에는 다른 방법으로 해보자는 생각을 하며 집으로 되돌아오곤 했었다.

　버스를 탔다. 빨간색 광역버스를 타고 동대문까지의 거리는 평균 1시간 반 정도 음악을 들으며 비에 젖은 시내를 즐겼다. 나무들은 더 싱그러워 보였고 어떤 건물들은 비에 젖은 나무토막 같았다. 해가 쨍하고 맑은 날도 좋지만 비가 오는 거리는 같은 친구의 또 다른 면을 보는 것 같은 감성이 있었다. 내가 동대문을 찾을 때마다 동대문에서만 느낄 수 있는 활력이 있다.

특히 아주 예전 새벽시장을 몇 번 경험했을 때의 그 분위기가 지금은 많이 사라졌지만 우리나라 대표적인 도매상권으로 없는 물건이 없는 곳, 과거와 현재가 공존하는 곳이라는 점이 가장 큰 매력이라 이곳을 좋아한다. 가끔 재봉틀 작업에 필요한 부자재, 천, 심지어 오래된 물건들을 구경하고자 할 때도 이곳을 찾으면 그 특유의 레트로 감성이 더해진 시간들을 보낼 수 있어 종종 오게 된다.

동대문 종합시장 큰 건물이 눈앞에 보였다. 이 넓고 복잡한 건물에 한 번 들어가면 가끔 미로처럼 복잡한 길 덕분에 헤매기도 부지기수지만 그런 일을 겪고도 또 찾게 되는 게 동대문시장의 매력이 아닐까 싶다. 지난번 들러 물건을 샀던 이불가게에 도착했다. 도착했다는 기쁨도 잠시, 그때 내 상태는 코로나로 인해 쓰게 된 마스크가 눅눅하게 젖어 쓰기에도 벗기에도 어중간한 귀찮은 존재로 되어있었고 얼굴과 등에는 땀이 흥건했다. 더웠다. 추울 줄 알고 든든히 입은 외투는 오히려 부담스럽다 싶을 만큼 더웠다. 도착한 이불가게 아저씨는 나를 단숨에 알아보시고는 내 몰골이 딱해 보이셨던 건지, 아니면 방긋 웃으며 밝게 인사하는 내가 반가우셨던지 기분 좋게 취소 환불을 해 주셨다. 뒤돌아서는 나를 향해 다음에 또 오라 여유 있는 한마디도 건네셨다.

다시 올 때 탔던 버스를 타고 다시 우리 동네 시청으로 향했다. 동대문으로 갈 때와 달리 집으로 향하는 버스에서는 부담스러운 짐이 없어서인지 바깥으로 보이는 풍경을 천천히 눈에 담는 여유까지 누릴 수 있었다. 잠깐 잠이 들었나 보다. 내 목적지 근처의 버스정류장 이름에 눈을 떴다. 단

잠을 잤다. 내릴 버스정류장에서 내리자 몸이 가볍다. 내가 내린 곳 근처의 마트가 보이자 엄마의 본능이 또 그대로 작동을 한다. 찬거리 구입, 가족들 간식을 챙기는 본능이다. 내일의 남편 생일 준비로 할 음식 재료와 가족들이 좋아하는 찐빵까지 샀더니 다시 짐 보따리가 내 몸에 거북이 등처럼 무겁게 느껴졌다. 동대문까지 다녀온 몸이라 체력은 바닥인데 이 짐들이 부담스럽지가 않다. 짐이 한 보따리, 많이 무거웠지만 뿌듯했다. 가족을 위해 뭔가를 한다는 건 기분 좋은 일이다.

  집에 도착해 아이와 아이 아빠가 인터넷 레시피를 보며 만든 고기 요리를 식탁에 올리는 모습을 보면서 행복이란 게 별거 아니구나 싶다. 가족이 편안하게 각자 가족의 한 자리를 차지하고 각자가 그 한 자리를 채워가는 모습이 행복이구나 하는 생각을 해봤다. 같은 TV프로그램을 보며 깔깔거리는 우리 가족이 오늘도 사랑스러웠다. 낮에 있었던 고단했던 그 모든 노고가 다 잊히는 순간이었다.

엉망진창
해맑았던 이벤트

2020.05.10.

날씨 : 맑음

　이른 아침에 일어났다. 어젯밤부터 준비한 미역국을 다시 끓이고 새 밥을 지어 생일상을 조촐하게 차렸다. 평소 같으면 지금도 이불속에 있겠지만 오늘은 어머님도 안 계시고 1년에 한 번인 남편의 생일을 썰렁한 아침밥을 맞게 하고 싶지는 않았다. 내 마음을 알긴 아는 건지 남편은 들어가 자라고 무심히 말한다. 그 말에도 난 남편의 아침식사시간을 맞은편에 앉아 분위기라도 맞추는 시늉을 했다.

　떡을 하려고 만반의 준비를 했다. 유튜브로 찾아보고 요리 레시피 앱을 찾아 꼼꼼히 읽으며 익힌 백설기 만들기는 내가 떠올리는 이미지만으로도 충분히 해볼 만한 요리였다. 결코 어렵다 느껴지지 않았다. 주방 싱크대에 섰을 때 내 자신감은 충만했다. 요즘 요리도 잘 되는 터라 별 걱정은 없었다. 우선, 밤새 불린 쌀을 믹서기에 갈았다. 처음 갈고 나서 갈린 쌀 알갱이를 만져보니 쌀가루라고 하기에는 무리가 있었다. 몇 번을 더 돌렸다. 그러면 좀 더 쌀가루와 비슷할 거라는 생각이었지만 생각처럼 그리 나아지지 않았다. 알갱이가 굵은 것이 찜냄비로 찐다고 익혀질 것 같지 않았다. 그래서 마늘 빻는 절구통에 넣고 열심히 빻았다. 한 숟가락씩, 한 숟가락씩 열심히 두세 시간을 빻아도 영~ 떡가루와는 전혀 닮아가지도 않는 수준이었다.

이렇게 굵은 알갱이로 찜냄비에 찌는 건 아니라는 판단에 잠시 고민을 했다. 그때 내 눈에 들어온 찜 화력이 좋은 전기압력밥솥이 보였다. 전기압력밥솥이라면 충분히 가능할 것 같았다. 그렇게 쌀을 전기압력밥솥에 쏟아붓고 레시피에 나와 있는 대로 떡가루에 설탕과 소금을 섞으려고 준비를 마쳤다. 설탕을 넣을 차례, 레시피에는 설탕이 네 컵이나 들어갔다. 종이컵으로 네 컵? 두 번을 다시 봤지만 분명 네 컵이었다. 아이에게 설탕을 부어 달라고 하고 한 컵을 부은 후 두 컵을 붓다 보니 뭔가 이상했다. 두 컵 째에서 거의 설탕이 비어 갈 즈음, 쌀가루가 액체화가 되어가는 상황에 이르자 뭔가 잘못된 걸 알았다. 레시피를 다시 보니 설탕이 1컵이었다. 아니 내가 뭘 본 거지?

자신감이 탑처럼 솟구쳤던 마음은 차츰 무너졌다. 그래도 떡은 되겠지 하는 마음으로 밥솥에 넣고 40분을 쪘지만 결과물은 그저 그냥 생쌀이다. 망했다. 쳐다보고 싶지도 않을 만큼 처참하게 망했다. 아이 아빠의 몇 마디 잔소리가 이어졌다. 통째로 버렸다. 남편이 그 모습을 본 후 시골 어머님을 모시러 갔다.

마지막 희망 하나, 풍선을 불고 색지에 글도 예쁘게 프린트해서 해피 버스데이 투 유를 썼다. 딸아이와 아빠의 생일을 축하하는 이벤트를 위해 열심히 작품(?)을 만들었다. 천장에도 붙이고 벽에도 붙이며 다양하게 꾸미고 저녁식사로는 남편이 좋아하는 해물탕을 준비해서 끓였다. 헌데, 남편과 어머님의 일정이 달라졌다. 계획에 차질이 생겼지만 뭐, 기다리지. 그런데 점점 아침의 올랐던 자신감과 기대감은 시간이 갈수록 점점 쪼그라들고 있었다. 한숨이 나오고 올랐던 의욕은 점점 식어가고 있었다.

8시가 조금 넘은 시간에 남편과 어머님이 도착하셨다. 뭔가로 통화하며 들어오는 남편과 어머님은 집안에 벌어진 상황을 잠시 후 깨닫게 되셨고 반응은? 남편의 입꼬리가 귀에 걸리며 기분 좋게 웃는다. 옆에 계신 어머님은
"난 이런 거 좋더라."
하시며 좋아하셨다. 떡은 망했지만, 남편도 어머님도 많이 엉성한 풍선 꾸밈만으로도 좋아하신 걸로 다행이다. 만족한다. 오늘 나 아주 조금은 잘했다며 흘러내리는 자신감을 살짝 올렸다.

모두 같이 저녁을 먹었다. 결혼 후 한 번도 이벤트를 해보지 않았던 우리 집이라 처음의 이벤트가 아무래도 서툴고 보잘것없었는지는 모르겠지만 앞으로도 종종 해볼 만한 일 같았다. 프린트한 축하 메시지도 풍선도 하나씩 둘씩 떨어지고 가장 포인트라 생각했던 반짝이 장식들도 벽에 제대로 붙어 있지 못하고 떨어져 볼품은 좀 없었지만 축하를 받는 사람도 해주는 사람도 기쁜 하루였다. 풍선 아래에서 먹는 생일 케이크는 더 맛있었던 것 같다. 하지만 아무래도 이런 축하 이벤트나 생일상은 전문점에 연락해 전문가의 도움을 받는 게 나은 선택이라는 걸 알았다.

아이가 있어
가족은 오늘도 웃는다

2020.06.25.
날씨 : 그저 좋은 날

저녁 식탁에 불고기를 올렸다. 아이의 식성은 역시, 맛있는 고기였다. 특히 한우불고기를 가장 좋아한다. 식사가 시작되자마자 아이의 젓가락을 든 손은 불고기로 간다. 불고기를 먹으며 아이가

"엄마가 이 비싼 한우 불고기를 어떻게 샀지? 이거 얼마야?"

라고 물었다. 나는 나도 모르게

"8…."

하면서 순간 당황했다. 이 불고기는 유통기한이 임박한 고기를 마트에서 양념을 해 싸게 할인해서 파는 고기였다. 실체를 알아버리면 엄마의 자존심도 아이의 입맛에도 별로 좋은 영향이 미칠 것 같지 않았다. 그래서 앞자리 숫자만 들은 아이가 말했다.

"얼마? 8? 8만 원? 8천 원일 리는 없잖아."

살포시 미소를 한번 보내고 아무렇지도 않게 다른 이야기로 화제를 돌렸다. 어휴, 귀여운 녀석, 들킬 뻔했네.

설거지를 남편에게 맡기고 오늘 아이의 공부를 봐줄 양이 많기에 아이에게 공부 준비물을 다 가지고 오게 했다. 영어부터 시작했다. 듣고, 읽고, 해

석하는 게 순조로웠다. 아이는 짧은 동화의 내용이 너무나도 재미있다며 배꼽을 잡고 웃었다. 내용은 반딧불이의 짝짓기에 관한 내용이었다. 보자마자 결혼하자는 수컷과 그에 시원하게 한 번에

'안 될 게 뭐야!'

라고 대답하는 모습에 아이는 정말 요 근래 가장 크게, 가장 길게 웃었다.

참, 영어 동화에도 웃는 아이였군.

바느질 하는 엄마 옆에서 아이도 바느질을 하며 시간을 보냅니다.

4장

밝아지는 하루하루가
더해가는 건

새벽

김현정

새벽
빗소리에 잠에서 깼다
이불속에서 나오기 싫어
누운 채로 귀를 간질이는
빗소리를 듣는다

이 고요한 새벽
깨어있는 건 나와 비뿐인가?

그러기를 한참
어슴푸레한 어둠이
점점 밝아질 즈음

처벅처벅, 덜그럭 쿵
청소부 아저씨는 나보다도
더 이른 새벽을 맞았나 보다

탁탁탁, 덜컹, 부르릉
위층 아저씨도
벌써 출근하시는 걸 보니

이 새벽을
나만이 홀로 지키는 건 아니었나 보다

서울의 새벽은
보이지 않는 이들의
소중한 일터이리라

나도
이젠 나의 아침 시간을
어제와 같은 쳇바퀴를 굴리리라

엄마라는 이름으로
산다는 건

2020.07.06.

날씨 : 맑음(내일은 비가 온다는데…)

　점심시간에 여사님과 여러 가지 이야기를 나눴다. 여사님은 중증 장애인 딸이 있고, 우리 가족은 아이는 건강하지만 우리 부부가 몸이 불편한 장애인이다 보니 그로 인한 고민들이 둘 다 비슷하면서도 또 다르게 있었다. 여사님도 나름 속은 많이 문드러지실 만큼 아팠지만 당당하게 힘차게 버티셨고 우리 가족은(남편의 마음은 잘 모르겠지만) 나는 가슴 아팠던 경험 하다 보니 이제는 누군가와 새로 만나서 사귄다는 게 쉽지 않았다.

　이런저런 이야기를 끝내고 엄마에게 전화를 했다. 목소리에 힘 없이 대답하시는 게 아무래도 뭔가 많이 불편하신 모양 같았다. 엄마는 몇 년 전 그 많던 농사일을 접으셨다. 부모님 연세도 이젠 많이 연로하셔서(80을 바라보고 계시니) 체력도 달리시는 데다 농사일을 한다고 돈을 벌기보다는 농자재값이 더 나가는 현실 때문에 일을 대부분 접으셨다. 그로 인해 생각도 못 한 우울증이 왔다. 아버지와는 평상시 소통이 단절됐다 보니 모르겠지만 엄마는 매일 통화하는데 우울감이 심하셔서 급기야 일 년 전부터는 약을 드시고 계시다.

매일매일 통화해서 건강체크와 함께 기분이 좋아지시도록 응원도, 우스갯소리도 해드리며 지내왔다. 엄마는 좋아졌다 나빠졌다 반복하다 얼마 전 병원을 바꾸고는 약이 그전만큼 독하지 않아서 잘 지낸다고 하셨지만 오늘의 엄마 고민은 무기력한 데다 건망증이 너무 심해서 뭘 어디 두셨는지 찾지 못하겠다고 하셨다.

"엄마, 건강에 문제가 있어서 그런 게 아니야. 연세가 많으셔서 그래. 우리 어머님도 많이 심하시고 40대 중반인 나도 건망증이 엄청 심해. 괜찮아. 잊어버린다고 뭔가 잘못된 건 아냐."

라고 마음을 다독여 드렸다.

회사에서 오후 근무를 하는 동안 엄마의 목소리가 자꾸 떠올랐다. 옆에 누구라도 있으면 좋겠지만 다섯이나 되는 자식들은 제 앞길 찾겠다고 다 먼 타지에 있다 보니 이런 경우에는 대처할 누군가가 없다는 게 너무 아쉬웠다. 7월 휴가 때 친정집에 갈 생각이 별로 없었지만 가야겠다. 7월에도 가고 9월에도 가야지. 두 분이 무기력하게 계실 생각을 하니 마음에 자꾸만 이슬이 생겼다. 집에 도착해 평상시와 같이 웃으며 저녁식사를 하고 설거지를 하는 동안 마음이 답답하더니 이내 얼굴이 달아올랐다가 눈물이 쏟아져 내렸다. 쏟아지는 눈물이 답답하던 응어리를 풀어서인지 조금은 시원하지만 눈물은 멈추지 않았다. 콧물을 훌쩍거리는 소리가 들릴까 연신 툭탁툭탁 덜그럭거리며 설거지를 하다 아이가 내 옆에서 뭔가를 질문했다. 다행히 아이는 엄마의 충혈된 눈이 눈물인지 땀 때문인지 알아차리지 못한 듯했다.

아무 일도 없었다는 듯 아이의 숙제를 봐주고 아이와 저녁 내내 아이의 중학교에 대한 이야기, 아이의 친구 이야기, 내가 이야기해 주고 싶었던 인생에 대한 이야기를 이어나갔다. 삶을 살아가면서 깊고 어두운 계곡(우울한 순간)은 누구도 피해 갈 수 없는 인생의 길이라며 그에 대한 나의 생각들을 이야기해 주었다. 그 감정은 자연스러운 거고 그 순간을 편안하게 받아들일 수 없다면 인생을 제대로 볼 수 없다는 것도 같이 이야기했다. 아이는 그런 이야기를 나와 무겁지 않게 하면서도 잘 받아들이는 것 같았다. 그리고 아이가 보여준 구경선 작가의 캐릭터 '베니'를 보여주며 그에 대한 이야기를 해 주었다. 구경선 작가는 청각장애인이라고 했다. 세상의 소리를 더 잘 듣기 위해 토끼 캐릭터 '베니'를 만들었고 그로 인해 세상과 소통하는 게 더 수월해진 듯했다. 지금은 많이 유명해져 있었다.

난 그동안 아이에게 이 거친 세상 어찌 알려줘야 하나? 어떻게 살라 해야 하나? 많은 고민을 했는데 아이는 벌써 엄마보다 더 큰 마음을 가지고 세상을 보고 있는 듯했다. 점심시간에 엄마의 우울한 감정들을 내가 잘 다독여 드렸듯 아이도 점점 더 커서 이젠 엄마의 마음을 다독여 주고 있었다. 부모의 장애로 힘들어 하리라 생각했던 내 고민도 지금 생각해 보니 닥치지 않은 헛된 고민이었던 듯했다. 어제 여사님 말마따나 내가 내 장애에 부끄러움이 없고 세상을 당당하게 바르게 산다면 아무 문제도 되지 않는데 무슨 걱정을 이리도 많이 했는지.

우리 부부가 세상에서 작은 미생물로 살지 않고 큰 소나무처럼 튼튼하게 산다면 아이도 그런 우리를 보고 더 큰 소나무가 되어 세상의 거친 바람도 잠재우는 인물이 될 거라고 확신한다. 내일은 오늘보다 좀 더 나은 하루를 만들어 보리라.

엄마가 되어보니 엄마로 사는 세상을 알게 되었습니다.

닫았던 문을 열어
작은 세상으로

2020.07.14.
날씨 : 맑음

　요즘 들어 하나의 생각이 문득문득 든다. 내가 그동안 미워했던, 나와는 맞지 않는다며 소원해진 사람들이 많다. 그런데 그 사람들을 생각할 때마다 내가 미워하는 사람들을 정말 내가 미워할 자격이 있는 건가? 내가 소통을 제대로 못해서 생긴 마음의 골이 아닐까? 라는 생각을 했다. 그리고 소원해진 사람들은 내가 그 사람들에게 어떤 게 서운했었는 지 알고 있을까? 라는 의문이 들었다. 마지막으로 가장 큰 물음표를 가진 나에 대한 질문들이 맴돌았다. 난 어떤 사람일까? 난 내가 누군가를 비난하며 생각할 수 있는 올바른 사람인가? 별로 그렇지 못한 것 같다. 다른 사람들이 날 많이 흔들었다고 생각했지만 내가 그렇게 올바른 생각과 행동을 하는 것 같지는 않다.

　나도 소통을 제대로 해보고 싶다. 내가 자기계발에만 몰두하다 보니 정작 뭔가 중요한 것을 놓치고 있다는 생각이 든다. 난 아니 우리 부부는 아이를 위해 바르게 정직하게 그리고 뚝심 있게 살아야 한다고 생각했다. 하지만 아직 내가 그렇지 못한 것 같다. 예전에 내 마음이 어둠의 굴곡을 지날 때 나는 내 비판만 했었다. 내 자존감은 찾을 수 없었고 눈물과 소심한 마음으로 인해 세상에 나가는 것조차 두려웠다. 지금은 그래도 많이 좋아져서 이젠 자존감도 많이 회복되었고 일상생활도 편안하고 웃음이 많은 가정이 되었지만 소통의 방법을 제대로 알지 못하는 상태는 또다시 그런 어둠의 계곡을 가지 말라는 법이 없다는 걸 안다. 나 스스로 소통의 방법을 찾아보려 더 노력을 해봐야겠다.

그래도 다행히 요즘 지방의 친구와 자주 통화하고 가끔 지인들에게 안부 전화를 하다 보면 나를 더 단단하게 하는 생각들이 자라난다.
'나 언젠가는 소통을 제대로 하게 되어 세상 흐름의 중심에서 목소리를 낼 날이 있겠지? 더 당당해져야 한다. 내 목소리는 더 힘이 있어야 한다. 내 지팡이에 의지한 발은 더 힘차게 누벼야 한다. 이젠 내 생활권이 집이 아닌 동네, 우리 도시여야 한다.'
내일은 그 시작으로 학교에 체험학습신청서를 내고 아이의 적금통장과 병원 정기점검을 가면서 아이에게 건강보험과 그 외의 사회복지제도에 대해 교육을 하기로 했다. 내가 아이에게 이런 공공기관이나 가게를, 동네 의원을 다니며 이용하는 방법 그리고 우리나라의 좋은 사회제도 등을 알려주면서 나도 점점 더 배워야 한다는 걸, 사회로 당당하게 나아갈 힘을 얻기 위해서 준비해야 한다고 다짐했다. 직장과 집이라는 공간만 반복적으로 다니다 보니 아무래도 내 세상도 넓어지지 않고 좁은 상태에서 고착화되는 게 아닐까 싶은 생각 때문이다.

아이의 적금은 용돈을 2천 원 올려주고 3천 원 적금을 하기로, 그 적금 금액에 우리 부부가 3천 원을 더 보태 총 6천 원을 일주일에 한 번 적금하기로 약속했다. 아이는 처음에는 고민을 하더니 별로 손해 볼 것도 없고 나중에 목돈이 생긴다는 설명이 끝나자 흔쾌히 하기로 했다.

   적금통장 만들기를 시작으로 그동안 집에서만 지내던 아이도, 좁은 울타리에서만 지내던 나도 세상과의 대화를 시작하는 첫 발자국이 되길 기대해 본다.

내 손으로
기쁨을 만들다

2020.07.17.

날씨 : 한때 비

오늘은 문화센터로 가는 날이다. 더운 날씨에 걸었던지 땀과 가쁜 숨으로 센터에 도착하자마자 에어컨 옆 의자에 앉았다. 시원한 물 두 잔을 들이키며 쉬는 동안 선생님과 그간의 안부인사를 나눴다.

한숨을 돌리고 나서 수업에 들어갔다. 제도를 한 종이를 원단에 대고 재단을 했다. 재단을 한 후 오버록과 다트 부분 미싱작업이 있었다. 원단이 워낙 미끄러운 재질이라 쉽지는 않았다. 내가 산 원단을 가지고 올 걸 하는 소소한 후회가 들었지만 오늘은 이 원단으로 해야 하니 어쩔 수 없다. 어려운 상황에서도 원단을 재단하고 그 원단의 짝을 맞춰 핀으로 고정했다. 이런 복잡다단한 과정을 하나하나 거쳐야 비로소 옷이라는 작품으로 되는 것이라는 걸 처음 알았을 때 많이 놀랐었다. 난 그저 공장 기계로 쉽게 만들어 내는 게 옷인 줄 알고 있던 때라 그 놀라움은 컸었.

미싱으로 드르륵 드르륵 소리를 내며 원단을 박음질하는 과정이 내가 가장 좋아하는 과정이다. 처음 재봉틀이라는 기계는 그저 무섭고 어려운 물건, 못 생긴 게 우직하니 내가 발로 페달을 밟지 않으면 꿈쩍도 안 하다 뭔가 작동이 시작되면 무서우리만치 힘 있게 빠르게 움직이며 일을 해내는 요물 같은 물건이었었다. 그때는 그저 재봉틀도 덜덜… 나도 덜덜… 하던 그런 시절이었지만 지금은 재봉틀 작업하는 이 시간이 가장 즐거운 시간이 된 건 그저 시간을 같이 많이 보내다 보니 정이 들었나 보다.

수업이 끝나갈 즈음 남편이 나를 태우러 왔다. 차에 오르자 남편은 어머님께서는 오늘 시골에 가셨다고 한다. 오랜만의 여유였다. 아이는 아빠가 만들어준 볶음밥을 저녁으로 먹었다고 한다. 딸과 남편과 같이 식사하는 걸 좋아하는 나이지만 오늘은 혼자 늦은 저녁밥을 먹었다. 오늘도 놀맨놀맨 영화도 보고, TV도 보고, 책도 읽으며 거실 소파에서 늦은 밤까지 노닥거릴 수 있다는 게 좋았다.

특별한 뭔가는 없어도 이런 여유가 좋다. 이 여유는 어머님이 가끔 안 계실 때 많이 느껴지는 여유라서 참 귀한 시간이다.

아기 오리,
엄마 오리를 보며 배우다

2020.07.20.
날씨 : 아침에 잠깐 비

　월요일, 아이에게 용돈을 주는 날이다. 얼마 전에 계획하고 만든 적금통장에 아이가 처음으로 스스로 은행으로 가서 적금을 하는 날이었다. 아이는 은행에 가서 처음 어떻게 해야 하는지 물어보는 카톡을 이른 오전에 보내왔다. 기특한 것. 전화통화로 차분하게 알려준 후 가서 모르면 전화하라고 했다. 은행에 다녀갔는지 어쩐지 그 후로는 연락이 없었다. 잘했겠지.

　퇴근 후 집에 도착해 아이에게 가장 먼저 은행에 다녀온 일은 어땠는지 물었다. 아이는 처음 혼자 은행에 들어가 쭈뼛대다 지난번 내가 했던 행동처럼 번호표를 뽑기를 시작으로 은행에서 적금 통장에 입금을 해냈다고 했다. 처음 해보는 은행 일이라 처음에 살짝 긴장은 되었지만 하고 나니 기분이 좋아졌단다. 당연하지. 우리 딸이 처음 은행 일을 스스로 해낸 것이니까 뿌듯하겠지. 기쁘기도 하겠지. 그리고 성취감에 다른 도전도 해보고 싶은 생각도 들지 않을까 싶다. 이번 은행 일을 계기로 아이가 좀 더 이런저런 다양한 경험에 호기심이 생겼으면 하는 마음에 말로 하려다 순간 참았다. 참아야 했다. 내가 말로 하는 것보다 스스로 깨우치는 게 더 큰 효과가 있으니까.

오늘 하루도 유익하고 편안한 하루였다. 오늘 문득 든 생각에 아이에게 요즘 편안하게 눈을 맞추고 이야기할 수 있는 어른이 생겼는지 물었다. 담임선생님과 편안하게 눈 맞추고 이야기할 수 있다고 했다. 아이가 몇 년 전까지만 해도 엄마 아빠 그리고 아주 친한 몇몇 어른들을 제외하고는 눈을 맞추고 자신의 이야기하는 것을 어려워했었다. 그때 난 우리 아이가 왜 이리 소심한지 걱정만 될 뿐, 다그치려 하기만 할 뿐 어떻게 해야 할지 몰랐던 실수를 했었다. 그저 편안하게 내가 하는 걸 보여주면 되었던 건데 그걸 몰랐었다. 내가 그저 편안한 어른으로 아이와 어른들의 생각을 공유하는 걸 자주 해주면 되는 것을 그때는 몰랐었다. 지금 우리 아이는 이렇게 점점 사회에서도 당당히 자신의 목소리를 낼 수 있는 아이로 자라고 있다는 걸 보게 되니 하늘에 감사할 따름이다.

앞으로도 아이가 너무 부담스럽지 않게 아이의 친구관계와 눈 맞춤을 편하게 할 수 있도록 노력해야 겠다. 우선 환경을 조금씩 변화시켜 아이가 적응에 있어 너무 어렵지 않게 받아들이도록 해줘야 겠다. 그리고 사회의 이슈, 환경에 대한 생각 등 건강한 이야기들을 아이와 자주 나누는 시간들을 만드는 것도 건강한 아이로 자라게 하는 힘이 되지 않을까?

10과 100의
혼돈

2020.07.21.
날씨 : 흐렸지만 뿌듯했던 하루

　근무하면서 별 무리 없이 기분 좋은 하루를 보냈다. 아무래도 짝꿍이 생기니 더 마음이 푸근하다. 그에 더해 짝꿍의 성격도 밝고 예뻐서 더 죽이 잘 맞게 일을 하고 있다. 편안한 근무를 마치고 퇴근하다 아이의 여드름 연고를 사기 위해 큰 거리 편의점 근처 약국으로 향했다. 연고는 10,000원이었다. 좀 많이 비싸다. 그래도 아이가 예뻐지려면 뭐 비싸도 사줘야지.

　걸어가기 힘들 거 같아 버스정류장으로 가서 벤치에 앉았다. 시간이 많이 남기에 엄마에게 안부전화를 했다. 엄마는 목소리가 별로 좋지 않았다. 왜 그런지 물었다. 옥수수를 많이 따서 농협에 넘기려고 하니 어쩐 일인지 받아주지 않는다 하셨다. 내가 좀 팔아보마 하고는 전화를 끊자마자 여기저기 전화를 돌렸다. 아니 전화를 하기 전에 옥수수의 가격을 찾아보고 엄마가 농협 공판장으로 넘기는 가격보다는 좀 더 받는 가격으로 판매(영업) 전화를 하기 시작했다. 난 사실 사람들과 평상시 이런저런 연락을 많이 안 하는 성격이라 전화할 곳이 마땅치 않았으나 엄마의 부탁으로 옥수수 판매를 하게 될 줄이야.

집에 도착해서 저녁식사를 마치고 설거지도 순식간에 해치운 다음 본격적으로 판매에 돌입했다. 블로그, 인터넷카페, 1~2년 동안 연락도 안 하던 지인에게 전화를 돌리다 보니 그래도 다섯 집 정도는 판매를 할 수 있었다. 우리 집까지 여섯 집이다. 너무 적은 게 아닌가 걱정스럽게 엄마한테 전화를 했다.

"옥수수가 그 정도의 수량이 될지 모르겠다."

하셨다.

"엥? 백 접이라고 했는데 벌써 팔린 거야?"

라 물으니 엄마는

"백 접? 아니, 열 접이라 했지."

띠로리~

엄마와 나와의 소통은 어디선가 오류가 있었다. 열 접을 백 접으로 이해한 내가 실수일 수도 있고 열 접을 백 접이라 엄마가 잘못 말씀하셨을 수도 있다. 어쨌든 옥수수는 무리 없이, 걱정 없이 해결이 되었다. 이런 일을 겪고 보니 나는 뭔가 생산적인 일에는 나 자신조차 몰랐던 내 열정이 불타오른다는 걸 알았다. 이런 열정을 더 만들어보고 싶은 욕심이 샘솟는 하루였다.

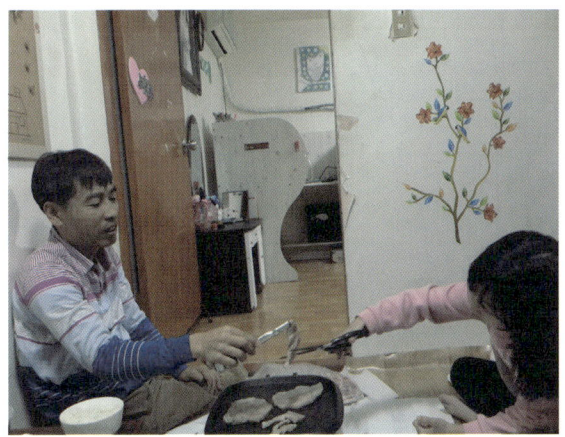

아빠와 보내는 시간들을 좋아했던 딸아이의 모습입니다.

작은 동네에
산다는 건

2020.07.23.
날씨 : 장대비 쏟아지던 하루

    한 2~3년 만에 온 폭우로 인해 도저히 혼자서 집까지 걸어갈 수 없을 것 같아 남편이 올 때까지 사무실에서 기다렸다. 30분이 넘게 걸려 남편이 도착해 집으로 안전하게 올 수 있었다. 점심시간에 딸아이가 우산을 안 가져왔다며 가져다 달라 할 때 내가 아이를 강하게 키워야지 라는 마음만 앞서 이 폭우에도
    "우산이 없으면 맞고 가야지."
    라 했었다. 이렇게 많이 왔었나 마음이 무거웠다. 다행히 아이는 같은 아파트의 아이 친구를 만나 같이 우산을 쓰고 왔다고 했다. 다행이다.

    퇴근 후 우유도 떨어져 있고 요즘 어머님의 대상포진으로 인해 어머님의 면역력을 높여드려야 해서 부랴부랴 단골 마트에 전화를 했다. 고기와 복숭아, 그리고 우유를 시켰다. 전화로 통화를 하던 마트 아저씨는 이번 달 말까지만 마트 운영을 하신다고 하셨다. 9월께 옆동네로 매장을 옮긴다고 하셨다. 매장을 옮기시면 아무래도 이곳보다는 더 장사는 잘 될 것 같다. 거긴 단지도 크고 이제 막 생긴 동네라 장사가 여기보다는 낫겠지. 아쉽다. 내가 이사 오고 처음 맺은 단골 마트였는데 다른 마트를 알아봐야 한다는 게 많이 아쉬웠다.

내가 또
뭔가를 해냈다

2020.08.01.

날씨 : 흐린 날씨도 잊었던 날

점심식사 후 남편은 친구들과 모이는 아지트(강일동)으로 향했다. 남편이 가고 난 후 집에서 무심하게 있다가 '안방 화장실 형광등을 내가 교체해볼까?'라는 생각에까지 미쳤다. 남편은 내가 해본다는 말에 단호하게 위험하다며 반대를 했지만 나를 너무 약하다 생각하고 한 말이라는 걸 증명해 보이고 싶었다.

식탁의자를 가지고 화장실로 향했다. 변기 옆으로 바짝 의자를 밀어 넣고 그 위로 올라갔다. 손이 간신히 닿았기에 조금 힘들었지만 그래도 아주 불가능은 아니었다. 혹시 의자가 넘어 질까 봐 딸을 불렀지만 반응이 없었다. 내 얼굴은 땀으로 범벅이 되었지만 아무리 불러도 대답조차 없었다. 나중에는 화가 나서 소리를 빽 질렀더니 겨우 나왔다. 아이에게 잔소리 한 마디를 하고 다시 작업을 했다. 어머님은 조용하던 며느리가 아이를 향해 지르는 호통에 놀라셨는지 방에서 나오시며 걱정스럽게 다른 사람에게 부탁해보자는 말씀을 하셨다. 난 그 말씀에
'어머니, 저 은근 좀 해요.'
라고 속으로만 말하며 말로는

"괜찮아요. 금방 해요."
라고 말한 후 동작이 빨라졌다.

겨우겨우 불투명 판을 어렵게 빼는 데 성공했다. 판을 빼서 판에 써 있는 형광등 교체 시 사용법을 카메라로 찍어 확대해서 보니 판을 빼는 게 아니라 틀 자체를 아래로 당기는 구조였다. 이렇게 쉬운 걸 왜 그리 몰라 허둥댔는지 모르겠다. 폐 형광등을 빼고 남편에게 전화해서 새 형광등을 찾아 다시 의자 위로 올라갔다. 새 형광등은 좀 짧긴 했지만 사용하는 데는 지장이 없다고 남편이 말한다. 새 형광들을 끼우고 형광등의 전원 스위치를 눌렀다. 환하게 다시 밝아졌다. 아, 오늘도 난 뭔가를 해냈다는 뿌듯함이 밀려왔다.

집에 온 남편은 나를 대견하다는 듯 동그란 눈으로 연신 눈을 마주쳤다. 난
"이쯤이야, 뭐."
하며 높아진 어깨를 더욱 활짝 폈다.

꼬물이와 같이했던
옛 동네의 시장길

2020.08.03.

날씨 : 시장 가는 날은 비가 와도 좋은 날

점심식사 후 남편, 아이와 같이 고덕동 정육점을 방문하여 보쌈용 고기를 샀다. 정육점 아저씨와 이야기를 나누다 보니 우리 아이가 꽤 많이 컸다는 걸 새삼 느끼게 되었다. 정육점 아저씨가 아이를 출산했다며 암사1동에서 양육비 신청하신 게 엊그제 같다 하니 벌써 그 아이가 네 살이라 하신다. 아저씨도 우리를 보고 조그맣던 꼬맹이가 붕어빵을 주던 게 엊그제 같은데 벌써 엄마보다 크다고 하니 아이도 웃고 나도 웃었다. 고기를 계산하고 나서 배추 겉절이를 하기 위해 정육점 근처 야채가게로 향했다. 야채가게 아저씨도 우리에게 호감을 보이며 아이에게도 뭔가 친근하게 이야기해 주었다.

아이가 이 동네에서 6세부터 살았었다. 어린이집 원생으로 또래의 아이들과 지낼 때는 밝던 아이지만 나를 따라 가게라도 들르게 되면 인사로 건네는 어른들의 한 마디에도 눈 맞춤도 대답도 못하던 수줍음 많은 아이였다. 그런데도 이곳에서 사는 시간이 길어지고 엄마가 단골 가게 사장님들과 편안한 대화를 하는 걸 자주 보기도 하면서 건강하게 자랐다. 아직 부끄럼을 많이 타는 아이인데도 요즘은 어른들과 대화를 곧잘 하는 모습을 보게 된다. 이 동네가 그래서 참 좋다. 시골 인정이 있는 이곳이 그저 좋다.

우리 동네 사진관에 가서 원하는 사진을 인화했다. 요즘은 사진을 카메라로 찍어 인화를 하지 않고 휴대폰이나 컴퓨터에 파일로 저장을 하다 보니 예전 추억을 떠올리며 앨범을 넘기는 일이 사라졌다. 사진을 찍는 일은 아주 간단하고 편리해졌다. 하지만 사진들을 정리하고 고이고이 추억을 간직하기 위한 수고로움이 사라지고 전화기나 컴퓨터를 교체하는 등의 일들로 귀중한 추억의 한 컷들을 많이도 잃어버렸다. 그래서 오늘은 작년 아이와 갔던 첫 해외여행의 추억이 사라지는 일이 없도록, 이 추억을 오래 간직하려 인화하기로 하고 사진관을 찾았다. 인화비용은 다소 비쌌지만 인화해서 벽에 걸 생각만으로도 흡족했다. 처음 했던 해외여행의 소중한 기억을 간직하기 위한 지출로 충분히 쓸 수 있는 비용이라 생각했다.

사이즈가 큰 사진은 베트남 나트랑의 모래사장의 파라솔 사이로 보이는 짙푸른 바다를 담은 사진이었다. 보고만 있어도 시원하고 여유가 느껴지는 그 느낌이 좋았다. 그래서 이 사진을 끼운 큰 액자는 거실에 걸고 싶었다. 이런 상상을 하며 사진을 USB로 옮기는 작업을 하면서도 그 여행이 떠올라 즐거웠었다. 이런 추억을 그저 시간이 지나고 나서 찾을 수 없을지도 모를 컴퓨터 파일로만 저장하고 싶지 않았다. 언제든지 바로 꺼내 그 사진에 담긴 추억 이야기를 나누고 싶었다.

추억, 이 동네가 그랬다. 나에게 많은 추억거리를 안겨준 곳이다. 그 하나하나 좋았던 것도 나빴던 것도 있었겠지만 지나고 나서 돌아보니 모두 조용하고 소소한 아날로그 필름처럼, 지나가는 미니 드라마처럼 기억되어 있다.

나를
힘들게 하는 이

2020.08.05.

날씨 : 비가 오던 날

어제 늦게 부터 시작한 두통으로 힘들었다. 오늘은 점점 더 심해지더니 급기야 오후에 드는 생각이 얼마 전 무리를 했던 것과 휴가기간 내내 물을 거의 안 마신 게 마음에 걸렸다. 두 조건 모두 작년 내가 병원에 입원했던 그 신우신염과 같은 증상이었다. 119로 전화해 간단한 의료상담을 하고 작년 진료를 받았던 병원에 전화를 했다. 진료를 받으려면 늦어도 4시 40분까지는 가야 한다고 했다. 담당 주사님께 양해를 구하고 남편을 불러 부랴부랴 병원으로 향했다. 폭우 속에 병원으로 들어섰다. 코로나 예방으로 인한 체온측정과 손소독을 한 후 수납을 했다. 사람들은 많지 않았다. 곧이어 간호사가 오고 부터 시간 간격을 두고 진료와 응급치료가 복잡다단하게 이어졌다. 몇 시간이 지났을까? 내 병실 침대로 간호사가 다가와 치료는 모두 끝났고 결과는 내일 오후에 나온다는 말을 듣고 병원을 나왔다. 폭우 속에서도 나를 위해 애쓰는 남편에게 오늘도 난 고마운 마음과 미안한 마음이 섞여 마음이 무거웠다. 그런데도 싫은 내색을 전혀 하지 않는 남편이라 더 마음이 무거웠다.

신우신염이다. 나를 괴롭히는 여러 가지 질병 중 하나인 이 염증으로 고생을 많이 했다. 이 신우신염이 발병하게 되면 여타 다른 질병과 달리 꼭 병원의 응급실로 향해야 한다. 다른 질병이야 누워서 쉬면 되고, 걷는 동안 아픈 발이나 고관절, 허리 등은 앉아만 있어도 좋지만 이 신우신염은 내가 어찌할 방법이 없다. 초기 발병이 시작될 징후로 머리가 깨질 듯 아픈 증상이 왔을 때 급하게 물을 많이 마시면 좋아질 때도 있지만 그 정도를 넘어가는 경우 여지없이 119 응급차를 불러서라도 응급실을 가야 했다. 그 고약한 병이 오늘 발병하고야 말았다. 에혀~

병원 옆 약국에서 약을 받기 위해 들어갔다. 폭우에 대한 걱정을 하며 건네는 약사님이 어릴 적 동네언니 마냥 푸근했다. 방금까지 폭우가 내리는 하늘의 날씨보다 더 우중충했던 마음은 약사님의 친근한 인사로 다소 옅어졌다. 그저 날씨 이야기만 나눠도 기분은 좋아졌다. 약사님은 이 폭우가 하늘이 노해서라고 했고 난 자연환경이 너무 많이 무너져 하늘이 벌을 주는 거라며 말을 보탰다. 오늘 내가 힘들었던 기분을 노한 하늘의 기분으로 돌렸다.

집으로 들어와 양껏 물을 많이 마셨다. 잠깐 소파에서 눈도 부쳤다가 저녁식사를 차려냈다. 통창으로 보이는 바깥에서는 비가 하염없이 내렸다. TV는 계속해서 피해상황을 내보내고 있었다. 몇 시간 전의 신우신염으로 인한 무겁던 마음은 내리는 비를 감상하며 희미해지다 사라진 듯했다.

아이와 떠났던 첫 해외여행에서의 사진을 보면
그때의 이야기들이 저절로 떠오릅니다.

밝은 하루하루가
더해가는 건

2020.08.07.
날씨 : 간간이 비, 흐림

회사에서 문화센터로 오기 전 그토록 올까 말까 고민했건만 수업시간 한 시간 반 정도가 눈 깜짝할 새 다 지나간 듯했다. 오늘도 남편은 나를 데리러 왔다. 역시 애처가 남편이다. 집에 도착하고 차에서 내리는 나에게 남편이 먼저 집으로 가라고 한다. 남편은 통화할 게 있다며 혼자 주차장의 구석으로 향한다. 집에 들어와 소파에 앉아 과일을 먹으며 아이와 한참을 웃고 떠들다가 문득 아직 집에 안 들어온 남편이 걱정이 되기 시작했다. 급기야는 내가 아이 앞에서 혼잣말로

"바람이 났나?"

라는 말까지 해버렸다. 바로 내 입을 막으며 하지 말아야 할 말을 했다고 반성을 하긴 했지만, 다행히 아이는 알아채지 못한 눈치다. 아마도 바람이라는 자체를 아직 모르는지도 모르겠다.

남편이 정확하게 두 시간이 지났을 때 현관문으로 들어왔다. 누구와 통화를 했는지 궁금하지 않을 수 없어 물으니 동료상담이라고 한다. 이날까지 살며 이렇게 오랫동안 통화해 본 게 처음이라며 본인도 신기하다고 한다. 그제야 내 마음도 풀렸다. 남편은 장애인자립생활센터에서 일하고부터

점점 더 생기를 찾는 느낌이다. 그 모습이 나에게 더 좋은 자극제가 되어 나도 뭔가 계속해서 나를 계발하는데 여념이 없다.

　남편이 고된 일을 할 때 보다 지금의 일을 하면서 더 밝아지는 게 확연하게 보인다. 그로 인해 나도 걱정을 많이 덜게 되었고 아이와 지내는 시간들도 더 늘다 보니 점점 더 가족 모두 건강하게 지내고 있다.

이리 뛰고,
저리 뛰고

2020.08.08.

날씨 : 잠깐 다녀간 비

    오늘 6시 반에 일어났다. 시험 때문에 평소보다 더 이르게 일어났다. '한국사능력' 시험과 '컴퓨터활용실기' 세 번째 도전의 시험이 날 기다리고 있었다. 시험장소는 성남의 두 곳이었다. 우선 '한국사능력' 시험을 위해 동서울대학교로 갔다. 차가 대학교 입구까지 만 갈 수 있어 입구에서 내려 걷기 시작했다. 가깝겠 거니 했다. 그래서 오르막길을 오르면서 힘이 들어도 다 왔겠지 라는 말을 속으로 되뇌며 걸었지만 아무리 걸어도 끝이 보이지 않았다. 내 걸음으로 30분쯤 걸은 것 같았다. 숨이 넘어갈 때쯤 목적지가 보였다. 체온측정을 하는 안내 도우미분께서 발갛게 상기되고 땀으로 범벅인 내 얼굴을 보더니 할 말을 잊으신 듯했다.

    시험을 보는 사람들이 정말 많았다. 한 건물 전체의 교실이 시험장인 듯했다. 이런 시험장이 여러 군데이니 얼마나 많은 사람들이 보는 것인지 가늠이 안 된다. 내가 시험을 볼 장소는 건물 4층이 시험장이었다. 다행히 엘리베이터가 있었다. 4층 교실을 찾아 들어갔다. 시험은 어렵다, 쉽다 보다는 시험에 접근하기 편안한 스타일이었던 것 같다.

    '컴퓨터활용실기'를 보기 위해 분당 상공회의소로 향하기 전 점심으로 먹을 김밥 두 줄과 만두를 사서 달리는 차 안에서 남편과 먹으며 이런저런 이야기를 나눴다. 내가 공부한다고 가족에게 부족하기도 하고 시험장 갈때마다 태워다 주는 게 쉽기만 하지는 않을 텐데 라는 생각에 넌지시 마음을 떠봤다. 하지만 이 사람은 오늘도 별 반응이 없다. 그저 내가 공부를 한다는 것도, 내가 여기저기 시험을 보거나 뭔가 꿍꿍이로 만든 일들도 내가 좋다하니 그런 내 모습이 좋은 건가? 싶은 생각이다.

'컴퓨터활용실기'를 서울에서도 봤고, 경기도 광주에서도 봤던 경험이 있다. 성남에서 보는 건 처음이라 어떨지 궁금했다. 시험이 시작되고 문제를 풀어갔다. 어제 잠을 못 잔 탓인지 몸이 경직되는 듯도 하고 손이 자꾸만 떨리는 기분이었다. 지금 다시 생각하니 그곳 컴퓨터(마우스)가 너무 예민했다. 문제풀이는 다른 건 그래도 잘 풀었지만 두 문제를 틀렸다. 차트는 내가 지금까지 풀어보지 못한 유형이어서 아예 포기를 했고 한 문제는 풀다 보니 한 군데(월별로 합계 구할 것)를 해결하지 못해 틀렸다.

결과는 어떻게 될지 모르지만 일단 시험이 끝났다는 생각에 그동안 졸였던 마음이 후련했다. 집에 도착하니 3시 정도였다. 남편은 나를 내려주고 강일동으로 간다며 차를 다시 돌려 출발했다. 말 없이 그 선한 마음 다 행동으로 표현하는 우직한 사람이다. 나가는 차 뒤꽁무니를 보면서 내가 지금 든든하게, 마음 편안하게 지내는 가장 큰 지지자가 아닐까 싶었다. 집에 들어오는 발이 점점 무거워졌다. 간밤에 잠을 자지 못해 피곤한 몸이었기에 우선 소파에 누워 잠을 잤다. 자는 내내 정신은 또렷해서 잔 것 같지 않았지만 그래도 피곤은 좀 가신 듯했다. 나도 피곤하지만 오늘 남편이 더 고생한 듯해 마음이 쓰였다.

물 흐르듯
흘러간 하루

2020.08.09.

날씨 : 요즘 자주 보게 되는 비

　아이와 약속한 아이의 방 정리가 시작되었다. 큰 책장을 거의 70퍼센트 비웠다. 책장 위에 있는 것들도 몽땅 치웠다. 대부분 버렸다. 아깝다 생각 말고 다음에 쓴다 생각 말고 버리자 했다. 그리고 책장도 버릴 것이지만 새 것으로 사기 전까지 쓰기로 했다. 치우다 보니 아이의 생활패턴은 엉망 그 자체였다. 양말과 옷도 방 이곳저곳 굴러다니기도 하고 구석에 쑤셔져 있기도 했다. 이불이며 베개 포, 인형까지도 몽땅 빨고 싶었지만 날씨가 비가 오는 관계로 다음으로 미뤘다. 자주 이렇게 검사를 해서 뒤집어야겠다. 집에서 아이와 아이방의 정리와 청소 문제로 옥신각신 하다 마음이 시끄러웠다. 기분전환이 필요했다. 나가야지.

　점심식사 후 도서관으로 가기로 했다. 별로 가고 싶어 하지 않는 아이는 엄마의 레이저 눈빛에 꼬리를 내렸다. 남편이 오늘은 아이의 편을 들어주지 않았다. 두 사람 모두 내 심기를 건드리지 않기 위해 말없는 의견일치를 본 듯했다. 도서 반납도 하고 다음 주 동안 읽을 책도 빌려야 했다. 요즘 코로나가 어느 정도 수그러져서 방역시간 두 시간을 제외하고는 이용이 자유로웠다. 다행이다. 아이는 이제 도서관 오는 걸 처음처럼 그렇게 거부하지는 않았다. 이렇게 될 수 있게 하기 위해 무던히 애쓴 보람이 있었다.

  내가 읽을 책 4권을 골라 도서관을 나왔다. 그저께 잠을 설치기도 했고 어제는 시험 때문에 동동거린 덕분인지 몸이 이젠 부서지기 일보 직전이었다. 하지만 마음과 표정은 밝게 유지하고자 애를 썼다. 비가 와서 더 아팠던 건가 싶다. 집으로 와서 남편이 내주는 과일을 먹고 침대에 누웠지만 좀처럼 잠은 오지 않았다. 그렇게 누워 라도 있으니 좀 나은 듯했다. 내일 휴가를 낼까 말까 고민하는 나를 보고 남편이 대뜸 갑자기 휴가를 내겠다고 마음먹는 건 아니라고 한다. 회사원은 출근이 기본이라며.

  시험이 끝난 홀가분함에 책을 잠깐 읽었다. 내일부터는 다시 뭔가 도전을 해야 한다. 어떤 걸 도전할지 찾아봐야겠다.

<u>오고 또 오고
덥고도 덥고</u>

2020.08.10.
날씨 : 오후부터 밤새 비

 아, 비가 한 달이 넘게 내리고 있다. 우리나라 관측 상 처음 있는 일이라고 한다. 얼마 전까지 비가 참 낭만적으로 보였지만 이젠 그런 느낌을 더 가지기가 힘들다. 오늘은 급기야 잠들기 전에 노아의 방주가 자꾸만 생각이 났다. 아무래도 하늘이 노해서 비로 벌을 주는 것이리라. 나도 얼른 배를 만들어야 하나?
 회사에서 편안하고 시원하게 하루를 보냈다. 가끔 재미있는 이야기도 나누고, 오시는 분들의 애환도 들으며 편안하게 업무를 마쳤다. 집으로 오는 중에 '뭔가 장을 보고 갈까?' 했다가 비가 와서 어렵다 결정을 하고 그냥 집으로 향했다. 몇 달 전보다도 발걸음이 많이 힘겨워졌다는 걸 느끼며 천천히 걸었다. 나도 나이가 드나 보다. 오늘 남편의 모임으로 인해 남편이 늦게 오는 날이라 장대비가 내리지만 걸었다. 기다려도, 기다려도 오지 않을 걸 알기에 천천히 걸었다. 걷다 보니 우리 아파트 오르막이다.

 현관문을 열자마자 찜질방의 열기가 확 와닿았다. 이런 열기와 습기에도 어머님은 에어컨도 안 틀고 저녁식사를 하고 계셨던 것이다. 휴! 아이도 제 방에서 문을 닫고 그 찜통 속에 하루를 있었던 듯 머리카락과 얼굴 여기저기 땀범벅으로 나와 나를 맞았다. 내가 회사에서 시원한 바람을 맞으며 일하고 있을 때 집에 계신 두 사람은 이렇게 지내고 있었을 걸 생각하니 마음이 답답하고 아팠다.

 내일은 아이스크림과 과자를 사 와야겠다. 집에서 군것질이라도 맛있는 걸로 드시고 에어컨도 꼭 틀어 놓으시라고 신신당부를 했다. 아, 제발 우리 가족이 모두 건강하기를 마음으로 빌었다.

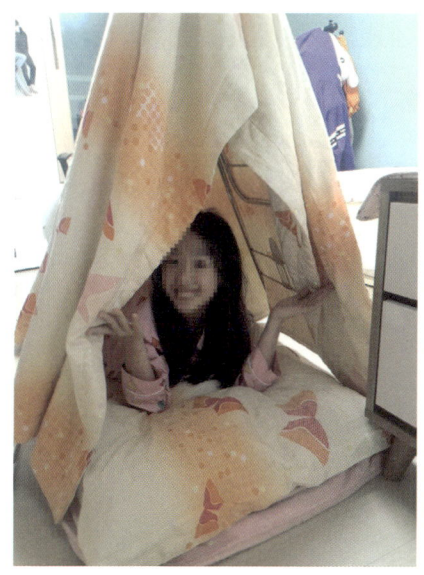

많이 자란 아이지만 아직 노는 방법은 어릴 때와 비슷해요.

5장

움직이는 하루가
미소를 만든다

겨울 바다를 그리며

김현정

24년 전 강원도로 가는 기차
지그재그 앞뒤로 가는 기차를 타고
처음 간 동해 겨울바다

겨울 바다를 가고 싶다
비릿한 바다 내음, 머리카락까지 얼려서 날려버릴 듯
세차게 부는 바닷바람이 있는 겨울 바다를 가고 싶다

바위를 삼킬 듯 포효하는 사자와도 같은 용맹함을 가진 파도
어떤 왜적에도 당당히 맞서는 장군과 같은 기상을 보여주는
바위의 결투를 보고 싶어 나는 겨울 바다를 가고 싶다

운이 좋으면 바위에 붙어 싱싱하게 물이 오른
자연산 굴도 얻어먹을 수 있을 거라는 생각에 이르면
벌써부터 입안에 군침이 인다. 나는 겨울 바다를 가고 싶다

얼굴이 아리고, 내 몸도 얼 것처럼 전쟁 같은 겨울바다인지라
바닷가 허름한 단칸방에라도 들어가 아랫목에 손을 넣으면
천국을 만들어주는 맛이 좋아 나는 겨울 바다를 가고 싶다

오늘도
여지없이 징크스

2020.08.15.

날씨 : 비가… 도서관 가던 날

10시가 넘어 거실로 어슬렁거리며 나왔다. 아이도 곧이어 제 방에서 나왔다. 오늘은 토요일이면서 말복이었다. '아차차! 복날은 아무래도 삼계탕을 먹어야 하지 않을까?'라는 생각에 말했다.

"오늘이 복날이네요?"

"그래서 내가 삼계탕을 해 놨지."

그랬더니 이렇게 말씀하시며 잔잔한 미소를 지으셨다. 어머님은 나보다 훨씬 빠르시구나. 난 남편과 이제 막 신장시장 큰 닭을 사러 가려 했는데 벌써 어느새 어머님께서 닭 세 마리를 사다가 삼계탕을 해 놓으셨다. 점심식사로 두 마리를 쟁반에 꺼내어 네 식구가 먹기 시작했다. 두 시쯤 오늘 요리한 닭 중에서 남은 한 마리를 지인 집에 가져가기로 한 남편과 난 도서관을 가기 위해 함께 집을 나섰다. 아파트 주차장에서 빠져나오기 직전 우산을 가져오지 않은 걸 알아챘다. 하늘을 보니 빗방울이 떨어지고 있긴 했지만 맞을 수 있는 수준이었다. 그래서 그냥 출발!

출발한 지 얼마 지나지 않아 비는 곧 장대비가 되었다. 폭우 수준의 비였다. 도서관에서 후문 쪽으로 차를 바짝 대고 최대한 비를 조금만 맞도록 내리라 계획을 세웠다. 후문 쪽으로 차를 댄 후 내가 후다닥 내려서 후문 앞에 다다르자 정문을 통해서만 출입할 수 있다는 안내문이 보였다. 코로나로 인해 체온측정과 방문자기록을 해야 하기 때문이라는 설명도 있었다. 비를 쫄딱 맞았지만 별 뾰족한 수가 없다.

"젠장, 하지만 괜찮아. 둘러서 가자."

남편과 상의 후 온조대왕 쪽 출입통로로 가기로 했다. 온조대왕과 도서관으로 연결된 길 쪽에 차를 세우고 비가 잠잠해지기를 기다렸다. 비가 어느 정도 잠잠해지자 남편이 자신의 겉옷을 건넨다. 그 겉옷을 우비 삼아 머리 위로 걸치고 뛰기 시작했다. 뛰는 발아래로 물웅덩이를 밟아 바지가 질편하게 젖기도 했지만 그래도 정문이 가까워오자 젖은 바지 정도는 걱정도 안 됐다. 그저 도서관 도착이 가까우니 그저 마음 한 편이 놓였다.

드디어 정문, 그런데 이번에도 안내문이 붙어 있었다. 점점 정문에 가까워오자 안내문의 글자를 읽을 수 있었다.

'광복절 휴관'

내 징크스가 오늘 또 발현했다. 내가 도서관을 안 가다 가게 되면 이렇게 정기휴관 또는 공휴일로 인한 휴관이었다. 이런, 차에 빈손으로 오르는 나를 남편이 핀잔을 준다. 그러게 자세히 알아보지도 않고 왔다고 핀잔을 준다. 에혀! 난 참 도서관 징크스가 언제쯤 깨질까?

집으로 들어오는 길, 아이가 부탁한 떡볶이와 어묵을 사기 위해 장대비를 뚫고 가게로 내달렸다. 그렇게 따끈하고 빨간 떡볶이를 사서 다시 차로 돌아왔다. 그저 아이가 이 간식들을 보며 좋아하는 표정을 상상하면서 집으로 들어섰다. 그간 비를 맞으며 뛰어다녀서 그런지 몸이 무거웠다. 아이에게 들고 온 떡볶이를 건네며 할머니와 같이 먹으라 하고 난 침대에 누웠다. 누워서 들으니 아이와 어머님 모두 떡볶이가 매워졌다며 금방 식탁에서 일어났다. 에혜! 그 떡볶이를 사려고 얼마나 애를 썼는데, 소리로만 들리는 아이의 반응에도 마음 한편이 살짝 시리다.

편안한 딸
& 걱정 많은 엄마

2020.08.19.

날씨 : 더운 여름날

　아이와의 소통, 아이가 코로나로 인해 집에만 있다 보니 좀 걱정을 많이 했다. 주변에서는 다들 그런 시기라고 하지만 정작 엄마인 내가 안심이 되지 않아 결국, 청소년수련관에 있는 청소년상담복지센터에 아이의 심리상담을 신청해 놓았다. 센터직원은 상담에 대한 안내를 하던 중 아이가 이 상담을 받는 것에 동의를 해야 한다고 해 약간 고민이 됐다. 아무래도 아이가 분명 반대할 게 뻔했다. 그게 걱정이었다.

　집에서 저녁을 먹고 안방에서 내 할 일을 하던 중 아이가 왔다. 아이에게 상담신청에 대해 이야기를 꺼냈다. 내심 일말의 가능성을 바라며 아이에게 동의를 구했지만 아이는 단칼에 안 한다는 짧은 대답만 한다. 아, 마음이 다시 무겁고 속이 상했다. 어떻게 하면 될까? 그러다 내가 대화의 관점을 다른 곳으로 돌렸다. 저축한 돈을 모아서 뭘 할 건지 물었다. 아이는 비싼 아이패드와 그에 따른 펜을 산다며 나름의 계획을 꼼꼼하게 세워 놓았던 생각들을 풀어냈다. 그 계획을 나에게 말하면서 표정이 벌써 아이패드를 두 팔로 감싸 안은 듯 상상의 나래를 펴고 있었다. 그 두 가지를 사려면 70만 원은 넘게 있어야 한다고 하며 돈 계산을 할 때의 표정은 방금 전의 그 표정과는 달리 걱정하는 빛이 확연하게 보였다. 난 번뜩이는 아이디어가 떠올라 두 눈이 커지며 아이에게 제안을 했다.

"그 돈의 반을 네가 모으면 나머지 반을 내가 지원을 해 줄게. 하지만 그냥은 안 되고 심리상담을 받는다는 조건이야."

아이는 잠깐 생각하더니 바로 동의를 했다. 이런, 일이 이렇게 풀리기도 하는구나. 오늘도 작은 고민 하나를 풀어낸 하루로 기억하게 되었다.

하루 한 뼘씩 자라면

2020.08.25.

날씨 : 힘겨웠지만 맑음

근무 중 오후 3시쯤이 넘어가자 당이 떨어지기 시작했다. 손이 벌벌, 말도 어버버, 머리에 찬 기운이 쏴악 내려오는 기분이었다. 급기야 짝꿍에게 소시지와 초콜릿을 몇 알 받아먹었다. 그래도 부족했던지 다른 직원의 권유로 탕비실 핫쵸코도 한 잔 마셨다. 그나마 좀 나은 듯했다. 퇴근 후 회사 건물 근처에 새로 생긴 마트에서 장을 봤다. 무거운 장바구니를 들고 마트 앞 의자에 앉았다. 휴, 참 다행이다. 그전에는 이런 의자도 없었는데 사장님의 마음 씀씀이가 느껴졌다. 남편이 곧 도착하고 차에 올랐다. 차를 타고 집으로 오는 동안에도 식은땀이 나고 몸의 균형이 조금씩 흔들리는 듯했다. 내일부터는 간식을 챙겨가야지.

저녁을 허겁지겁 먹었다. 먹고 나니 그나마 좀 나은 듯했다. 늦게 들어온 아이의 저녁을 위해 부랴부랴 덮밥을 만들었다. 이번에도 당연 인터넷으로 레시피를 봐 가며 만들어냈다. 맛이 아이의 입맛에 맞을지 궁금해 아이를 불렀다. 아이가 한 숟가락 먹기를 기다렸다가 맛이 어떤지 살짝 긴장하며 물었다. 아이는 활짝 웃으며 맛있다는 대답이 떨어지기가 무섭게 내 얼굴에 미소가 번졌다. 다행이다. 이 꽝손 아줌마를 은손으로 만들어 준 레시피에 연신 감사함을 느꼈다. 부엌이 나에게는 편하지 않은 공간이었다. 요리를 잘하지 못하니 점점 더 그 공간이 나와는 친해지지 못하는 공간이라 생각했지만 이젠 인터넷 레시피의 도움으로, 요리를 잘하는 주변 지인들의 도움으로 점점 내 요리실력이 늘어나고 있다.

아직은 부족한 실력이긴 하지만 내가 만들어 낸 음식을 누군가 맛있게 먹는다는 사실이 얼마나 큰 기쁨인가를 내가 요리를 성공했을 때 느낀다. 바로 오늘이 그랬다.

아픔을 안고
산다는 건

2020.08.26.

날씨 : 가끔 비(태풍 비비의 예보-아주 강한 태풍이라 함)

힘든 하루였다. 통증, 손 떨림, 통증약으로 인한 부작용으로 구토까지 하면서 사무실 근무를 버텼다. 남편의 차를 타고 겨우 집에 도착했다. 집에 오자마자 바로 눕고 싶었지만 우리 집 분위기로 그럴 수가 없었다. 저녁을 먹고 치우자마자 잤다. 한 시간 여 잠이 들었다가 깼다. 시간이 많이 지나지 않아 풀리지 않은 몸을 더 쉬려 누웠다. 캄캄한 방의 침대에 누워 천장을 바라보며 있으니 가라앉는다. 몸도 마음도 조금씩 나아진다.

전주 친구와 전화통화를 했다. 언제나 밝게 받아주는 친구다. 친구가 내 심상치 않은 목소리로 내 상태를 감지했다. 친구와 이야기하다 보니 어느덧 나의 병에 대한 이야기를 하고 있었다. 친구는 친구 회사의 제품 중에 건강보조제를 소개해주었다. 나도 효과를 볼 수 있지 않을까 하며 호기심이 커져가던 그때 마음을 접었다. 나는 병원에서 처방해 주는 약 이외의 어떤 것도 더 먹고 싶지는 않았다. 약에 의지하기가 싫었다. 먹는 약을 최소로 하고 싶은 마음이었다. 난 유리공과 같은 몸이라 생각한다. 그저 건강관리를 하는 데 있어 너무 깊이 생각하지도 말아야 하고, 너무 가볍게 생각해 무리하지도 말아야지 하는 생각으로 지낸다.

이런 생각의 균형을 찾는 것도 어렵다. 병원 약에 의지하다 더 힘든 경우도 있었던 경험으로 그저 모든 정보를 정보로 듣고 조심스럽게 접근하고 있다. 병원도 이곳저곳을 옮기며 약을 바꿔도 봤다. 답이 보이지 않지만 이겨낼 방법이 있을 것 같아 낙담하지는 않았다. 오래전 이보다 더 힘든 경우도 이겨냈으니까 그런대로 이 또한 이겨 내리라 믿는다. 그보다 더 크게 걱정이 되진 않는다. 어느덧 친구와 통화를 할 때면 내 고민만을 이야기하고 있는 것 같아 친구에게 미안한 마음이 들었다. 무거운 대화 보다는 오늘은 밝게 통화하려 했는데 그걸 오늘도 해내지 못했다.

통화를 끝내고 어두운 방 아직 태풍은 오지 않았지만 바람은 점점 세지고 있었다. 캄캄한 방에서 바람소리를 들으며 누워있으니 왠지 포근하다는 느낌이 들었다. 바깥의 혼돈은 나와는 거리가 있는 듯, 소리로 감상만 하듯 조용히 듣고 있었다. 9시쯤 거실로 나왔다. 남편은 포도를 씻어오고, 딸아이는 그저께 산 문제집을 가져와 앞으로 어떻게 공부할지 나와 계획을 세웠다. 아이는 아직까지는 재미있을 것 같다고 하며 희망에 차 있었다. 그렇지, 공부는 스스로 하는 거니까. 이 기분을 오래 지속했으면 좋겠다.

  10시쯤 되었을 때 잠자리에 들었다. 내일은 오늘보다 좀 더 나은 하루가 되었으면 좋겠다.

드라마에 빠지다

2020.08.30.
날씨 : 비가 잠시

남편이 추천한 〈슬기로운 의사생활〉을 끝까지 다 봤다. 참으로 잘 만든 드라마였다. 영화 같은 느낌, 보통 사람들의 사는 이야기, 주인공이 있긴 하지만 조연도 주인공으로 보이는 그런 드라마라 좋아한다. 〈응답하라 1900 시리즈〉를 만든 제작진들이 만들어서 그런지 이야기를 풀어가는 방식이 편안하고 좋았다. 요즘 우리나라의 영화나 드라마들의 작품이 점점 발전하고 있다는 걸 느낀다. 서정적이면서도 굵은 메시지가 있는 드라마라 편안하게 볼 수 있어 나도 볼 수 있다.

주인공 한 두 사람만이 집중되는 스토리가 아닌, 너무 화려하거나 자극적인 이야기 소재가 아닌 작품들은 보고 또 보더라도 실증보다는 이전에 내가 포커스를 맞춰 봤던 인물을 이번에는 다른 인물에 포커스를 맞춰 보는 등 다양한 방식으로 보면서 느끼는 재미가 쏠쏠하다.

이런 이유로 난 〈동백꽃 필 무렵〉이라는 드라마를 가장 좋아하는 드라마로 자주 봤다. 그 드라마를 내가 좋아하는 이유는 드라마의 영상미도, 드라마에 나오는 주연, 조연의 구분이 불분명한 스토리 전개가 내 시선을 붙들었다. 미혼모로 아이 하나를 키우면서 겪는 우여곡절 속에서도 꿋꿋하게 살아가는 주인공, 주변 인물들의 다양한 색깔은 현재 우리사회를 이루는 구성원과 다를 게 없었다. 그저 누구나 각자가 볼 때는 다 그들만의 색깔을 가지고 살아가는 삶이니까. 특히, 드라마 곳곳에서 나오는 명언들은 드라마가 끝나도 길고 긴 여운으로 마음을 따듯하게 했다. 이런 드라마라면 어린아이들과 가족이 함께 보면서도 다양하고 건강한 이야기를 나눌 수 있어 좀 더 유익한 드라마라 생각한다. 그래서 난 이 드라마를 내 인생 베스트 드라마로 정했다.

그렇게 아이와 내가 깔깔거리며 12회까지 2주에 걸쳐 보았다. 보는 내내 웃고 울기를 반복하다 보니 어느새 이 드라마가 요즘 내 일상의 가장 큰 낙으로 여겨져 어디를 가더라도 이 드라마에 대한 이야기를 한다.

시골에서 먹었던 무말랭이를 이곳 도시에서 만들었던 추억 한 장입니다.

같이 한다는 건
정이 든다는 것

2020.09.05.

날씨 : 맑음

    저녁에는 아이의 방에 있는 크고 검은색의 책장을 빼고 다시 들여놓을 책장이 용달트럭으로 배달되어 온다고 전화가 왔다. 아이의 방에 있기에는 부담스러운 검은색 책장은 처음 신혼집으로 살던 곳에서 구입했던 검은색 책장이었다. 결혼하고 신혼살림이라고 딱히 새로 산 물건 없이 남편이 혼자 살던 작은 아파트에 전기 압력밥솥과 냉장고만 바꾸면서 시작한 아주 소박한 신혼이었다. 곧 아이가 태어나고 그 아이가 무럭무럭 하루가 다르게 자라다 보니 이 아이에게 필요한 동화책과 그 동화책을 꽂기 위해 나름 알뜰하게 장만한 책장이었다.

    다른 사람의 시선에서 보면 별 특별할 것 없고 그저 묵직하면서 어두운 색의 이 책장이 아이의 환한 방과 어울리지 않는다며 가볍게 바꿀 수도 있겠지만 우리 부부에게는 이 책장이 참 소중하다. 이 물건이 사라지면 분당에서 신혼의 시간을 같이했던 소중한 물건이 또 하나 사라지게 되는 거라 매우 안타까울 수밖에 없다. 이 책장을 제외하면 그때의 시간을 같이 했던 가구는 단 하나만이 안방의 한쪽 구석에 있을 뿐이다. 그래도 버려야 하는 이유는 책장이 너무 커 아이방의 방문을 제대로 열 수가 없어 바꾸기로 결정했다. 뭐, 추억이 있는 물건이라도 계속 가져갈 수는 없으니 바꾸긴 해야지.

　중고거래 사이트로 책장을 골랐다. 화면으로 봤을 때의 이미지가 실제 물건의 이미지와 많이 다를 거라는 예상을 하면서 구입했다. 중고 물건의 매력은 값이 저렴하다는 사실, 이 책장의 가격 28천 원이었다. 거래가 성사되어 돈을 이체했다. 그렇게 책장을 배송할 트럭을 알아보다 배송트럭의 배송비는 4만 원이라고 한다. 총 68천 원으로 이 책장을 구입한 셈이었다.
　구입을 결정하고 배송이 온다는 전화를 받고 나서 점점 뭔가 찜찜하다. 계산을 해보니 배송비가 이리 비싼 걸 알았으면 차라리 새 책장을 사는 게 나았을 것 같다는 생각이 든다. 어찌 배보다 배꼽이 더 큰 모양새가 되고 나서야 내가 저지른 책장 구입은 약간 판단착오인 듯싶다. 10시가 넘어서 책장이 드디어 도착했다. 인터넷에 올라와 있는 사진보다 훨씬 마음에 들었다. 우선 깨끗했다. 그리고 아담 사이즈여서 아이의 방문도 다 열리게 되어 그간의 답답했던 한 가지가 해소되었다. 아이는 무엇보다 책장의 구조가 마음에 쏙 든다고 한다. 새로 바꾼 책장 하나로 즐거운 이야깃거리가 생겨 잠이 들기 전까지 화기애애한 시간을 보냈다.

하루를
골똘히 집중하다

2020.09.06.

날씨 : 비(하이선 태풍 진입 중)

　　오후 1시 무렵부터 아직 미완성 블라우스를 다시 잡았다. 소매패턴을 그리고 재단을 해서 미싱으로 박기 시작했다. 헌데, 블라우스 소매를 다는 게 생각보다 어려워 계속 헤매고 있었다. 작업하다 보니 다는 게 어려운 것보다는 블라우스와 소매를 연결하는 방향에서 무척 헤맸다. 하나를 달고나서 펼쳐보니 거꾸로 달려 있고 뜯어내고 다시 달고 보니 뒤집어서 달아버렸다. 이렇게 헤매기를 세 번, 드디어 네 번째 도전에서 제대로 달게 되었다. 양쪽의 소매를 달고 나니 저녁 9시가 넘어버렸다. 1시부터 9시까지 장장 8시간 동안 작업을 했다. 소매 두 개만 달았는데도 말이다.

　　그래도 소매를 달고 나니 너무너무 뿌듯하고 기분이 좋았다. 남편과 내가 번갈아 입어 보기도 하며 연신 나 자신이 대견했다. 다음 주에는 넥라인을 완성하고 나서 마무리를 하고 정리할 수 있겠다. 통증 중에도 내가 이런 괴력(?)이 발산된다는 게 신기하다. 남편은 그저 내가 이렇게 작업에 몰두해 생산적인 취미를 하는 걸 좋아한다. 결과야 잘 나올 때보다는 조잡하고 실패할 때가 훨씬 많지만 그래도 시간을 보내기에는 건강한 취미라 생각하는 듯하다.

가끔 재료비가 아깝지 않은가? 라는 생각이 들기도 했지만 뭔가를 만들어내고 나면 재료비 아깝다는 생각보다는 내 작품이라는 생각에 세상 어디에도 없는 훌륭한 작품이라는 생각이 든다. 사실 작품이라고 말하기는 우스운 그저 졸작이지만 내 눈에는 명작이니 나름의 자아도취에 빠져드는 신기한 경험을 해왔다. 그래서 이런 소소하면서 생산적인 취미가 좋다. 그 소소한 취미가 주는 다양한 에피소드가 있어 좋다.

일상에서 잠깐
비껴나 보려

2020.09.20.

날씨 : 맑음

　　오늘은 일주일에 한 번 온 가족 외출하는 날이다. 아침부터 등산가방을 찾아서 짐을 싸기 시작했다. 아이는 나가기 싫다며 볼멘소리를 했지만 엄마의 결단력을 보여주고자 대꾸도 안 하고 추진했다. 11시쯤 세 식구가 집을 나섰다. 나서는 발걸음이 가벼웠다. 드디어 우리도 초가을 산책을 하는구나. 남한산성에서 산의 풍경과 산내음만이라도 느끼는 시간을 가지다 보면 조만간 아이도 산을 좋아하겠지.

　　남한산성, 산을 오르는 차 안에서 보이는 풍경만으로도 마음이 흡족했다. 행복했다. 눈과 입꼬리가 사정없이 춤을 추었다. 목적지가 다가오면 다가올수록 벌써 마음은 숲 속에 있는 것처럼 신이 났다. 하지만 정작 그곳에 오르고 보니 사람들은 인산인해, 주차장은 차들로 가득 차서 더 이상 진입도 불가능했다. 남편은 어떻게 든 들어가 보려 했으나 되지 않는 현실에 분당에 있는 공원으로 목적지를 바꿨다.

　　오래간만의 외출이라 그래도 좋았다. 아이도 정작 나오니 기분이 좋은 눈치였다. 한참 동안 길을 헤매고 헤맨 끝에 드디어 율동공원 입구에 도착했다. 남편이 찾던 입구가 아닌 탓에 남편이 만족할 입구 쪽 주차장으로 향했으나 그곳도 주차장이 차들로 가득찼다. 공원을 돌면서 보이는 사람들의 여유는 우리 것이 아니었나 보다. 여러 번 주차구역을 찾다가 포기했다. 그냥 야탑 홈플러스 건물에 있는 식당에서 냉면을 먹었다.

에이, 기대가 컸던 만큼 실망이 큰 하루였다. 아이의 실망은 더 크겠지? 라는 생각에 내가 자꾸 아이의 눈치를 살핀다. 그런데 아이는 의외로 무덤덤하다. 뭐 늘 그러다 보니 이것도 우리 가족의 일상이라고 생각하나? 오늘 나들이는 실패했지만, 속이 좀 상하긴 하지만 내색하지 않았다. 나도 두 부녀처럼 아무렇지도 않은 것처럼 내색하지 않으면서 예전 살던 동네인 그곳에 대한 옛 추억의 이야기보따리로 그 시간을 재미있게 채웠다. 가족 나들이는 오늘처럼 실패만 하진 않겠지. 다음에도 또 다음에도 자꾸자꾸 시도하다 보면 가능한 날도 있겠지.

나들이 성공하는 그날을 기다려 본다.

아침마다 어딘가로
향한다는 즐거움

2020.10.06.

날씨 : 아침, 저녁으로 쌀쌀. 낮 햇빛 포근

긴 휴일 후의 출근은 기분 좋은 상큼한 느낌이었다. 여느 때의 아침인사보다 더 생글생글한 생동감을 담아 추석 연휴 후 인사를 전하다 보니 십 년은 젊어 진 기분으로 하루를 보낸 듯한 기분이 든다. 다소 깐깐한 민원인도 있었고 추석 물품을 받으러 온 사람들까지 더해 평상시보다 일이 많았다. 그래도 나에게는 일을 하는 시간이 또 다른 나를 볼 수 있는 소중한 시간이다.

나에게 제2의 암흑기였던 그때를 잠깐 떠올려본다. 아침에 눈을 떠도 나를 위해 마련되어 있는 자리는 오직 집이라는 공간뿐이었다. 그리고 쉬는 시간도, 대가도 없는 주부의 시간들은 나를 깊은 나락으로 떨어지게 했었다. 사실 이 시기 아이를 양육하는 귀한 시간이었지만 주위에 급할 때 도움을 청할 지인 없이 오로지 우리 부부만이 모든 걸 감내해야 하는 무겁고 힘든 시간들이었다. 그때를 다시 떠올리고 싶지 않지만 그 귀한 시간들이 있었기에 지금 나의 일이 보잘것없을지는 몰라도 나에게는 가장 귀한 시간 중의 하나가 되었다.

쉬는 날 집에서의 내 모습은 구입한 지 몇 년은 된 후줄근한 잠옷, 화장을 전혀 하지 않은 잡티 가득한 맨 얼굴, 대충 묶은 머리로 자연인 상태의 내가 된다. 그 자연 그대로의 상태는 나의 가장 편안한 모습이긴 하지만 내가 그 상태로 영원히 간다는 건 나 스스로도 너무 가혹하다 생각이 들 때가 많다. 난 아직 마음만은 20대 초, 푸릇푸릇 상큼 발랄한 청년이리라 착각하며 사는 행복을 누리고 싶다. 그 착각의 시작은 출근하는 아침 화장대에 앉아 기초화장과 메이크업, 갈매기 모양의 날렵한 눈썹을 펜슬로 그리며 점점 커져만 간다. 그러다 입술을 연분홍 립스틱으로 바르다 보면 정점에 이른다. 점잖은 옷 매무새에 화려하진 않지만 그래도 나름 잔잔한 꾸밈이 있는 나의 모습을 보노라면 이전의 내 모습보다 좀 더 당당해지고 행동거지도 살짝 달라지는 나를 느낀다.

출근하면 항상 같은 자리에서 같은 패턴으로 업무 준비한다. 드디어 업무 시작시간 9시가 되자마자 일을 보려 찾아온 사람들과 마주하면서부터 이전의 내 모습과 좀 더 달라진다. 점점 빨라지고 살짝 든 긴장감과 함께 업무를 하는 내 모습을 퇴근시간까지 이어간다. 퇴근을 하면서 이제는 쉴 수 있다는 안도감이 들며 살짝 긴장이 풀리지만 그래도 난 내일도 오늘과 같은 하루가, 내 일터가 있어 참 좋다. 행복하다. 아직은 난 생산적인 사람인가 보다.

오늘도 난 20대 풋풋한 청년이라 착각하는 하루를 잘 보냈다.

하루 업무 시작을 알리던 모닝커피를
아직도 끊지를 못했어요.

우직한 남편과
기분파 아내의 하루

2020.10.07.

날씨 : 드라이브하기 좋은 날

남편이 운전연습을 시켜준다고 해서 밖으로 나왔다. 경기도 광주부터 올라오는 길이 한적하다며 나를 운전석에 앉으라 한다. 그런데 막상 차에 오르니 뭔가 내 생각이 또 엉뚱한 생각으로 바뀐다. 난 주차장에서 나가는 것만 해달라며 조수석에 앉았다. 주차장을 벗어나자 볕이 참 좋았다. 아주 밝고 따사로운 볕을 피부로 느끼다 보니 어느덧 이 날씨에 마음을 빼앗겼다. 따뜻한 느낌이 좋고, 나른하기도 하고, 창으로 들어오는 바람도 좋아 운전을 할 마음이 점점 멀어져 가고 있었다. 남편에게 말했다.

"오늘 나 운전 연수보다는 드라이브하는 게 좋겠어요."
라는 내 대답에 남편의 큰 눈은 반이 감기고 나를 바라보며 한심하다는 듯 말씀을 하셨다.
"다음부터는 운전연수 안 해준다."
이런 식으로 도로연수를 받겠다며 남편과 나왔다가 그 도로연수는 시작도 하기 전 우리 부부의 드라이브 데이트가 되었던 게 여러 번이라 이번에는 남편이 이렇게 쐐기를 박았다. 그래도 어쩌랴, 경치가 이리도 좋고 공기가 이리도 좋은 걸 어쩌랴. 딱 드라이브해야 하는 날씨인 걸.

그리하여 무작정 목적지 없이 다니는 우리 두 사람 스타일의 드라이브가 시작되었다. 큰 도로를 벗어나 차는 점점 산으로 올라갔다. 길은 좁아지고 좁아지다 비포장 도로도 나오고 어떤 양계장으로 보이는 하우스 건물도 보였다. 양계장으로 보이는 그곳의 입구에는 '유정란'이라는 단어와 양계장 주인의 전화번호로 보이는 번호가 보였다. 내가 또 정보수집 취미가 발동했다. 휴대폰을 꺼내 찰칵!! 요즘은 군이 메모를 하지 않아도 이렇게 터치 한 번에 쏠쏠한 정보가 내 것이 되는 게 편리하다.

어떤 사찰로 이어지는 길로 들어섰다. 생각도 못했던 길들을 따라가다 보면 우리가 사는 곳에서 잠시만 벗어나도 이렇게 생각도 못한 다양한 구경거리가 있어 눈이 호강이다. 한참을 이곳저곳 정하지 않고 다니다 시간이 늦어 다시 집으로 가기 위해 경기도 광주에서 우리가 사는 도시까지 들어오는 시원한 큰 도로를 달렸다. 역시, 차로 누비는 일상이 좋다. 내가 운전하는 게 아닌 우리 집 베스트 드라이버께서 내 취향 다 챙겨 주시는 이 드라이브가 좋다.

봉사회장님을
떠올리며

2020.10.24.

날씨 : 맑았지만 마음은 흐림

    도서관 봉사를 하기 위해 성당으로 향했다. 회장님께서 나보다 일찍 도착하셔서 나를 기다리고 계셨다. 오래간만에 뵌 회장님은 여전히 기품이 있으셨고 연세는 많아 보이셨지만 여전히 활력도 느껴지는 멋진 분이시다. 도서관봉사자 원년 멤버로 시작한 몇 안 되는 회원 중에 회장을 맡고 계시다.
    오늘이 토요일이라 나의 봉사 요일이기도 하고 회장님께 전하고자 하는 의견이 있어 약속을 했던 터였다. 회장님과 테이블에 마주 앉았다. 내가 봉사를 그만둬야 할 것 같다 말씀을 드리니 별로 놀라지도 않으시고 담담하게 이야기를 이어 가셨다. 지금껏 잘해왔고 잘하고 있는데 왜 그렇게 생각을 하는지 궁금해하셨다. 내 몸의 상태가 일 년 전과 비교해도 너무 많이 나빠져 아무래도 이렇게 봉사자 명단에 올라 있으면 나머지 봉사자들에게 폐를 끼치는 일 같다고 내 마음을 전했다.

    회장님은 조용히 현재 도서관 봉사자들에 대한 이야기를 시작하셨다. 다른 회원들도 이런저런 사정으로 많이들 빠질 거라고 연락을 줬기도 하고 어떤 분은 연락 자체가 안 되니 이제 시작한 봉사활동을 할 의향이 있는지조차도 모르겠다며 봉사자 관리의 고단함을 말씀하셨다. 그렇게 빠지려 하거나 연락이 안 되는 회원이 11명 중에 5~6명 정도 된다고 하니 회장님도 골치가 아프신 모양이었다. 회장님께서 조심스레 한 말씀을 덧붙이셨다.
"사실 나도 지금 살고 있는 곳이 다른 동네여서 교적을 옮길 생각이야."
라 하신다. 많이 힘드시겠다. 너도 나도 그만두겠다는 푸념들만 쏟아내고 있는 걸 상상하니 내 마음도 무거웠고 지금 이 자리조차도 내가
'나 힘들어요.'
라고 푸념 같기도 애기 어리광 같기도 한 것 같아 잠시 부끄러워졌다.

내 마음을 추스르고 좀 더 생각해 보고 결정을 하겠다고 말씀을 드렸다. 그런 후 회장님께서는 자리를 일어나셨다. 회장님의 등이 작아 보이는 찰나의 순간을 난 느꼈다. 조금전까지 여장부 같으시던 분이 지금 나를 위해 추천하는 도서를 한 권 찾으시는 뒷모습에 그늘이 살짝 들며 작아 보였다. 나도 멋진 회장님을 따라 건강하게 더 열심히 하고 싶은 마음은 참 크지만 내 마음대로 되는 게 하나도 없는 현실이 안타까웠다.

유쾌했던 꼬맹이와의 대화

2020.10.28.

날씨 : 맑음 (요즘은 가을 가뭄이다. 비가 안 온다. 걱정이다.)

퇴근 후 소파에 널브러져 딸아이와 같이 담소가 시작되었다. 딸과의 담소는 항상 느끼지만 신선한 에너지가 샘솟는다. 딸이 하는 어떤 이야기도 너무너무 재미있고, 신선했고, 사랑스러웠다. 이 아이가 내 딸로 태어나 준 게 아직도 난 신기하다. 딸과의 담소 중 오늘 재미있었던 것이 있다. 뉴스에서 김○○ 범죄에 대한 뉴스에서 뇌물죄를 적용한다 어쩐다 하는 뉴스가 나오자 아이는 대뜸 이렇게 말했다.

"나도 오늘 뇌물 받았는데?"
이 무슨 소리인가 하며 내가
"무슨 뇌물?"
이라 물으니 아이의 대답에 그만 웃음이 터지고 말았다.
"오늘 남한중학교에서 볼펜이랑 에코백 받았어."
"엥? 왜 준 거래?"
"중학교 안내지 하고 같이 줬어."
"하하하하하~ 그건 홍보물이라고 하는 거야."

아이와의 엉뚱한 대화로 한참을 남편과 나, 그리고 딸이 행복하게 웃는 시간이 되었다. 그 후로도 아이의 재치 넘치고 자기 의견 뚜렷한 생각들을 들으며 10시가 훌쩍 넘어서까지 대화가 이어졌다. 오늘이 주말이었으면 좋겠다. 내일도, 모레도 이런 시간을 가졌으면 좋겠다.

세상이
내편이 될 수 있게

2020.11.02.

날씨 : 맑음

　퇴근하고 단골 마트로 향했다. 아이가 좋아하는 고기반찬을 마트에서 샀다. 집으로 가려면 골목길(오르막)을 가야 하는데 쉽사리 결정을 못 내렸다. 골목길이라는 것도 그렇고 거기다 오르막이라 내가 쉬 결정을 못 내렸다. 하지만 버스도 언제 올지를 모르는 상황에서 내가 내릴 판단이 많지가 않았다. 그래, 걷자. 내 두 다리 아직 한발 한발 뗄 수 있을 때 걷자. 평상시 운동도 안 해서 마냥 후회만 했는데 오늘은 좀 걸어야 하지 않을까? 그래서 걸었다. 걷고 또 걸었다. 걸으며 좋은 생각(밤하늘을 보며 동화 같은 생각)도 하고 노래도 흥얼거리며 걸었다.

　이렇게 힘들게 걸으면서도 내가 평정심을 유지할 수 있는 것은 지난 아팠던 그때의 그 시절이 생각났다. 이렇게 등산 지팡이 하나에도 걸어서 집에 갈 수 있는 상태라는 게 믿어지지 않을 만큼 건강해진 사실을 현재 내 주변에서 아는 이가 없다. 그때 난 목발과 비슷한 크러치에 몸 전체를 의지해 비틀대며 걷던 내가 이젠 이렇게 걸을 수 있다니 얼마나 큰 발전인가? 스스로 다독다독하며 걸었다. 등에서는 땀이 줄줄 흘러내렸지만 얼굴 찌푸리는 감정은 없었다. 등산하듯 한 걸음 다음에 또 한 걸음을 옮길 뿐이었다.

내년이면 난 사고로 인한 장애를 갖게 된 지 20년이 된다. 사고가 난 후 나에겐 그 어떤 것도 내 것이 아닌 세상에 살고 있다고 생각했었다. 내가 판단하고 내가 선택하고, 내가 결정하며 자신감 있게 살아오던 이전의 삶은 이젠 내 것이 아니라고 생각하니 마음속 든든한 기둥이 사라지는 것 같았다. 하지만 내 모든 선택과 결정을 다른 이에게 맡긴다는 게 나 스스로 용납할 수 없었다. 비록 불편해진 몸이지만 그런 의존적인 삶을 살고 싶지 않다는 강한 열의를 무시할 수 없었다. 그래서 고향 산골 마을에서 다시 도시생활로 재도전을 하기로 했다. 쉽지 않았다. 무수히 쓰러지고 아팠다. 하지만 그래도 버틸 수 있었던 힘은 우리나라의 장애인복지의 힘을 빌려 숨 쉴 수 있었다. 장애인고용공단을 통해 직업재활 훈련과 그곳에서 만난 장애를 가졌지만 세상에서 가장 빛나 보이는 이들과 함께할 수 있어 비록 몸은 힘들었지만 마음은 그 어느 때보다 가벼워졌다.

집으로 오는 길, 차오르는 숨을 희열로 바꾸며 한 발 한 발 걷다 보니 어느덧 집 현관이었다. 하느님 오늘도 감사합니다. 집으로 들어와 땀으로 범벅인 옷을 갈아입으며 든 생각은 이렇게 땀을 흘리며 걸을 수 있어 감사했다. 나를 지켜보고 계신 하늘의 그분에게 전하고 싶다. 내가 이렇게 걸을 수 있어서, 19년 전 무너져 있던 몸과 마음 일으켜 주셔서 감사합니다. 가끔 세상을 의심할 때가 있다. 세상이 내편이 아닌 것 같은 생각으로 오랫동안 살았던 적이 있어 그 기분은 쉽게 떨쳐낼 수가 없었다. 이젠 세상이 내편이 될 수 있게 내가 더 생각해야 하고, 내가 더 행동해야 하고, 내가 더 반성해야 한다는 걸 조금이나마 느낀 하루였다.

같이 한 시간들이 모여 '정'이라는 단어를 만듭니다.

세상 자잘한 일들의
시작

2020.11.04.

날씨 : 맑음(이젠 겨울인가 싶다.)

점심시간을 보내던 중 아이에게서 연락이 왔다. 등본을 떼 달라는 부탁이었다. 요즘 아이가 중학교 원서를 쓰는 일로 아이와 아이 친구들의 관심사가 그쪽으로 모여 있었다. 등본을 가져가야지 라는 생각을 하다 불현듯 이런 것도 아이가 해봐야 한다는 생각까지 이르게 되었다. 아이에게 등본은 본인이 떼야 한다며 와서 떼 가라고 전했다. 아이는 한 번에
"응."
이라는 대답과 함께 집에서 출발한다고 한다. '아이에게 다양한 경험을 시켜줘야지.'라는 생각은 많았지만 정작 내가 아이한테 해 줄 수 있는 게 많지 않아 이런 거라도 체험을 시켜야지 라는 마음이 들었다.

아이가 도착하고 번호표를 뽑고 기다렸다. 기다리는 동안 아이는 긴장이 된다며 심장이 마구 뛴다고 말한다. 등본 떼는 일이 그 정도인가? 드디어 아이 차례가 되어 민원대로 갔다. 가는 날이 장날, 민원대에서 맞이한 주사님이 컴퓨터가 고장이 났다며 무인 발급기를 권했다. 아쉽다. 한 번에 뗄 수 있었는데 아깝다. 아이와 무인 발급기에서 둘이 합심(?)하여 등본을 뗐다. 내 손가락 터치가 인식이 안 되어 아이 손가락의 도움을 받아 등본을

떼기 위한 모든 절차를 마쳤다. 곧 무인 발급기를 통해 나오는 서류를 보며 아이가 기분이 좋아 손을 마구 흔든다. 주위에 아무도 없었다면 더 팔짝팔짝 뛰며 좋아했을 텐데….

등본을 들고 좋아하는 아이가 친구들에게도 등본은 본인이 떼는 거라고 말했다 한다. 풋~ 사실을 알면 엄마에게 작은 화살 하나 날아오겠지? 귀여운 녀석, 중학교 입학을 코 앞에 둔 우리 딸이다. 은행 볼일도 잘 보고 주민센터 서류도 떼 봤다. 다음에는 뭘 더 해봐야 할까? 저녁 식사자리에서 오늘의 일들을 이야기하며 재미있는 시간을 가졌다.

아이의
선택과 결정

2020.11.05.
날씨 : 아이와의 팽팽한 대화도 맑음

　퇴근하고 딸아이의 중학교 원서를 쓰기 위해 아이와 같이 내방 컴퓨터 앞에 앉았다. 중학교 원서를 쓰기 위해서다. 우리 꼬물이가 내 배에서 나와 분유 먹고 똥 싸던 게 엊그제 같은데 중학교를 간다. 신기했다. 원서를 앞에 두고 내가 주도해서 작성하려다 아이의 일은 아이가 주도하고 나는 도와주는 정도로 해야지 라고 마음을 달리 먹었다. 아이는 컴퓨터로 검색을 해 가며 스스로 생각하고 판단했다. 나와 다른 의견이 생겼을 때는 본인의 의견을 피력할 줄도 잘 알고 있었다. 원서 쓰는 내내 비록 내가 볼 때는 작은 결정이지만 정확하고 냉철하게 판단해 내는 아이가 대견했다.

　아이는 내가 사는 시에서 가장 좋은 중학교라 소문이 난 중학교를 선택하지 않았다. 아이의 친구들은 대부분 그 좋은 중학교를 지원한다고 했다는 데 우리 고집이 좀 있으신 이분께서는(?) 그 학교를 지원하지 않고 우리 집 근처의 다른 학교를 지원한다고 하니 내가 궁금하지 않을 수 없다. 내가 좀 의아해하며 아이와 이 문제로 장시간 대화가 이어졌다. 아이가 가려는 학교를 결정한 이유를 알게 되고 난 그저 힘이 빠졌다. 아이가 선택한 학교를 지원하게 된 이유는 유명한 중학교가 워낙 인기가 많아 아무래도 1 지망에서 떨어지면 아이가 제일 가기 싫은 학교로 배정된다는 이유였다. 그리고 그보다 더 큰 이유는 교복 중에서 자켓 대신 입는 과잠(?) 같은 점퍼가 마음에 들어서 그 중학교를 결정했다 한다. 아이의 결정을 돌리기 위해 여러 번 시도했지만, 실패. 이번에도 난 아이의 의견을 존중해 주기로 했다. 그냥 내가 지기로 했다.

아이는 원서를 다 쓰고 아이의 숙제 검사를 했다. 학습지에서 뭔가 많이 아쉬웠다. 깨끗하다고 해야 할까? 수학학습지인데 너무 깨끗했다. 아이를 살살 달래 가며 아이와 대화를 했다. 아이는 요즘 중학교 입시로, 학교에서 아이들의 리더로 생활하느라 많이 힘든 모양이었다. 힘들 때는 좀 쉬게 해 줄 때도 있어야 하는데. 내가 그동안 너무 강한 힘으로 아이를 당기기만 했던 건 아닌가 이번에도 반성했다. 이번 주말에는 아이와 아이의 하루 계획표를 다시 짜 봐야겠다.

아이가 보는 세상이 더 넓어졌으면 하는 마음에 갔던 자연사 박물관입니다.

6장

지금을
건강한 생각으로 살기

별밭

김현정

코흘리개 시절
엄마 등에 업혀 밤마실 갈 때나
여름밤 모깃불 피워 놓고
평상에 누워 바라보던 밤하늘

우수수 별이 비처럼
쏟아져내려 마당을 채울 것 같던 별밭

굴곡 많은 학창 시절
늦은 밤 무거운 책가방을 메고 걷던
밤길을 지켜주던 무수한 별들

무심히 지나치기만 하던 그 시절이
지금은 그때로 갈 수 없어 그립다

그 많은 별들을
누가 그렇게 많이 따 간 것인지
이제 힘없이 비치는 별 몇 개만이
나를 비출 뿐이다

첫 출발은
두려움과 설렘의 연속

2020.11.07.
날씨 : 맑음

설거지를 끝내고 남편과 함께 출발, 주차장부터 내가 운전했다. 주차장에서 나가 골목까지는 그래도 괜찮았던 것 같다. 대로변에서부터 겁이 덜컥 났지만 남편은 전혀 운전대를 바꿔 줄 생각을 안 하고 차분하게 코치만 했다. 그러다 황산사거리에 이르자 거기서부터 완전 태풍 속에 있는 내가 된 듯했다. 오른쪽으로 붙여야 한다는 남편의 말은 들리지만 도저히 끼어들 방법을 몰라 우물쭈물하다 보니 뒤 차가 울려대는 클락션 소리에 내가 완전 겁을 먹었다.

괴성을 질렀다. 눈앞에 보이는 차들, 뒤에서 따라오는 차들, 나를 향한 클락션 소리에 정신이 하나도 없어 그저 괴성을 지르며 남편에게 당장 나를 구해달라며 소리를 질러 댔다. 그런 내 모습에 전혀 미동도 없으신 차분하신 우리 집 냥반(?)은 딱 한 마디를 하신다.
"그냥 해."
식은땀이 비 오듯 흘렀다. 정신만 똑바로 차리면 된다는 각오로 황산사거리도 아무 사고 없이 잘 빠져나왔다.
남편이 가리킨 곳으로 가다 보니 고속도로다. 고속도로를 따라 올림픽대로를 탈 거라 했다. 말도 안 된다며 당장 자리를 바꿔서 앉자고 아무리 고래고래 소리 지르며 말해도 남편은 할 수 있다며 나를 안심시키기만 한다. 다행히도 고속도로에서 올림픽대로로 잘 접어들었다. 거기서부터는 아까 고생했던 곳보다는 수월했다. 그래도 속도를 내야 하고 내가 운전은 하지만 여기저기 볼 수 없이 오로지 앞만 볼 수 있어 겁이 가시지 않았다.

잠실 즈음 왔을 때 남편이 잠실 한강공원으로 들어가라는 말이 떨어지자마자 큰 한숨과 함께 긴장을 아주 조금 내려놓을 수 있었다. 이젠 살았구나 싶었다. 한강공원 주차장이 보이자 그제야 난 안심을 했다. 남편이 내 롱패딩 등판을 짚어보더니 옷이 땀으로 다 젖었다고 했다. 남편과 자리를 바꾸기 위해 차에서 내리는 데 다리가 후덜덜… 두 팔도 후덜덜…. 당연한 몸의 반응이다. 얼마나 무서웠는지 표현이 어려울 정도였다. 그래도 내가 운전을 했다는 게 어딘가? 참 신기하고 방통 하다. 남편과 한강을 바라보며 이런저런 이야기를 하고 집으로 향했다.

과거, 고통의 기억

2020.11.09.

날씨 : 짠했던 마음 흐린 날

점심시간에 상담실에서 다시 도시락을 먹기 시작했다. 샌드위치를 이주 정도 먹어보니 도저히 더는 먹고 싶지가 않았다. 물려서, 난 한국사람이라 밥과 김치가 있어야 하나 보다. 깍두기와 낙지젓갈을 반찬으로 가져와서 밥과 함께 먹으니 이제야 좀 점심을 먹은 듯했다. 황창연 신부님의 강연을 들으며 시간을 보냈다.

점심시간 30분 정도 남기고 엄마와 통화했다. 엄마는 요즘 살짝 다시 우울모드가 나올락 말락 하셨다. 우선, 동네 종국이 아주머니께서 돌아가셨다고 한다. 그러시며 이제 동네에 엄마 또래 이상의 아주머님들이 몇 남지 않아 기분이 좋지 않다고 하셨다. 그러고 보니 내가 중학교까지 우리 동네에서 나고 자라며 항상 계실 거라 생각했던 동네 어르신들께서 대부분 돌아가시고 이젠 엄마 또래의 여덟 분만 계시다고 한다. 어머나, 동네 터줏대감들은 다들 돌아가셨지만 그래도 젊은 사람들이 사과농사를 지으러 많이들 들어왔다 하니 그건 또 다행이다 싶다. 젊은 사람 대부분이 그곳에서 나고 자라다 일거리로, 혹은 학업으로 떠났던 나와 어린 시절을 같이 지낸 동네 사람들이었다. 나보다 어리거나 내 또래들이라 신기하고 반가웠다.

엄마를 다독다독 해드렸다. 그래도 엄마는 귀찮게는 해도 옆에 영감님이 계시지 않으시냐, 다행이라 생각을 하시는지 어쩐지 엄마의 목소리만으로는 알 수 없었다. 우리 부모님은 자식들이 크게 속 썩이는 사람 없이 훌륭하게 키우셨지만 아직 그걸 모르시는 게 안타깝다. 특히 나 같은 경우 불의의 사고로 장애를 입었는데도 불구하고 결혼해서 잘 살고 있으니 말을 더 해 무엇하랴. 엄마는 항상 자식들 중에 내가 제일 잘 산다고 한다. 매일 통화하는데도 단 한 번도 힘들다는 소리도 싫다는 소리도 안 해서 그리 생각하신다고 한다. 다른 자식들은 전화도 거의 하지 않고, 가끔 오는 전화는 고민이 많은지 우울한 목소리거나 힘들다는 얘기를 한다며 안타까워하셨다. 뭣이? 나보다 더 힘들다고?

내 숙제를 하며 라디오에 사연을 올렸다. 이금희의 사랑하기 좋은 날이라는 프로그램이었다. 사연을 올렸지만 소개가 안 되기에 포기할까? 생각하고 있었다. 그런데 말미에 세 명 정도 소개할 때 내가 소개되었다. 너무 기쁜 마음에 환호성을 지르고 싶었다. 다시 듣기로 몇 번을 더 들어도 좋았다. 엄마와의 우울한 대화로 가라앉은 내 기분은 라디오 사연 소개로 다시 이전의 내 상태로 돌아왔다. 오늘도 1장 1단이었던 하루였다. 그 속에서도 작은 성공하나를 더했던 소중한 날이다.

지금을
건강한 생각으로 살기

2020.11.12.

날씨 : 쌀쌀한 늦가을 날씨

남편과 같이 퇴근해서 집에 들어가니 어머님께서 얼큰한 찌개를 끓여 놓으셨다. 어찌나 맛이 좋은지 연신 어머님께서 웃으시도록 기분을 맞춰드렸다. 아이는 아이대로 매일매일이 즐거운가 보다. 항상 웃는다. 항상 뭔가를 열심히 하면서 자신의 공부도 스스로 하고 공부 중에 맞닥뜨리는 문제도 스스로 찾을 수 있는 능력을 하나하나 키워가고 있다. 대견하다. 그러다 아이와 잠깐 나눈 재미있던 대화

나 : 오늘 풀지 못한 숙제와 어제 풀지 못했던 숙제 자기 전까지 가지고 와요!

딸 : (풀이 죽고 대답이 없이 소파에 늘어져 고민이 있는 듯했다.)

나 : (시간을 확인하고 9시 40분 확인을 했다.) 그래, 10시가 다 되어가는구나. 우리 딸은 9시가 넘으면 아무리 공부를 하려 해도 영혼은 자러 갔더라. 영혼은 없고, 육체만 잡아 놓고 아무리 알려줘도 들어가지 않더라. 자고로 공부도 잠은 충분히 자면서 해야 한다는 걸 너를 보고 배웠다. 자거라, 단 내일 다 가지고 와야 해.

아이가 좋아하며 웃었고 그 웃는 얼굴을 보는 나도 행복해 나도 따라 웃

었다. 아이에게 중학교 들어가면 더 늦게까지 할 수 있을 거라며 다독이고 하루를 정리했다.

내가 오늘 들었던 말 중에 좋았던 대화
A : 지금 어떤 고민을 갖고 있어요. 내가 어떻게 해야 할지 모르겠어요.
B : (잠시 침묵) 작년 크리스마스 때 어떤 고민이 있으셨어요.
A : (잠시 침묵) 모르겠어요.
B : 지금의 고민도 내년 크리스마스에는 기억 못할 고민일 거예요. 지금 그 고민이 아주 커 보이지만 시간이 지나면 기억조차 못 할 고민일 거예요.
A : 그렇군요.
(라디오 〈사랑하기 좋은 날 이금희입니다〉, 이금희와 정재욱의 대화에서)
오늘은 별다를 것 없는 하루였지만 뭔가 어제보다 한 뼘 더 나은 하루였고 어제보다 한 뼘 더 평화로운 하루였다.

나,
작은 희망의 씨앗을 갖다

2020.11.16.

날씨 : 맑음(난 더워서 얇은 상의와 재킷을 입고 출근했다.)

 회사에서는 김장김치를 담그는 행사로 무척 바빴다. 김장행사가 바쁘니 김장김치를 가지러 오면서 업무를 보시는 분들로 인해 일도 많고 분주한 하루였다. 오후 늦게 지치는 내 체력을 생각해 쉬엄쉬엄 몸을 사렸다. 퇴근을 하고 무거운 발걸음을 집으로 옮기며
 '천천히 가다 보면 언젠가는 집에 도착하겠지.'
 인생무상 뭐 그런 명상 비슷한 것도 하며 걸었다. 걷고 걷다 보니 정말 오늘은 다른 날보다 덜 힘든 퇴근길이었다.

 집으로 들어와 저녁식사를 하려고 의자에 앉자마자 아이가 책이 배달되어 왔다는 말을 전했다. 책? 오늘 산 책이 벌써 왔나? 아이가 건넨 책은 그 책이 아닌 전라도 광주에서 온 책이었다. 작년 공모전에 당선이 되고 그 글이 책으로 나오면 보내주겠다던 책이었다. 드디어 왔다. 너무 기뻤다. 궁금했다. 내 글이 책에 어떻게 실렸는지 가장 궁금했다. 책으로 나온 내 글을 보자마자 만족했다. 아이는 보는 둥 마는 둥 별 감흥도 없었다. 이런, 괜히 보여줬다. 남편이 오자마자 책을 내밀며 자랑했다. 내가 글을 썼다는 것도, 그 글이 공모전에서 우수한 성적을 거뒀다는 것도, 그 글이 책으로 엮여 내

손에 도착했다는 것도 실로 놀라웠다. 몇 번을 다시 읽어도 나 스스로가 무척 자랑스럽다.

장애라는 주제로 쓴 글이 멀고 먼 광주시의 한 공모전에서 2등인 최우수상을 수상했다. 그게 벌써 1년 전의 일이다. 내가 공모전에 글을 써서 제출하고 수상을 했다는 사실이 믿어지지 않을 만큼 기뻤다. 그리고 몇 달 아니 1년이 지난 지금까지 행복한 마음으로 지내고 있다. 그 글을 보여달라는 지인들에게도 쉬이 보여주지 않았다. 내 맨 얼굴을 보여주는 것 같아서, 그간의 아팠던 내용을 글로 쓰다 보니 지인들이 그 글을 읽고 난 후 나를 보는 시선이 달라질까 하는 이유였다. 하지만 고향 친구와 몇몇 지인에게 보여주고 난 후 소감은 앞으로 글을 전문적으로 써보면 어떻겠냐는 칭찬이었다. 내가? 글을? 그렇게 그 칭찬들이 자극이 되어 지금까지 이 일기를 쓰고 있다. 시간이 흐르고 흘러 이 글들이 어떻게 될지는 모르겠지만 딸아이라도 읽게 되면 엄마가 이렇게 살아왔다고 알게 되는 걸 상상하는 것만으로도 충분히 일기를 쓰길 잘했다 생각하도록 계속 글을 쓰고 싶다.

책을 받아 내 손으로 페이지를 넘기다 내 글이 눈으로 읽히고 난 후 느낀 내 기분은
'유후, 나, 쫌 괜찮다.'
였다. 그동안 나에 대한 가능성 중에 글쓰기가 있었다니 놀라웠다. 그러면서 떠오르는 감정은 내가 길고 긴 시간 동안 잊고 있었다가 찾은 보물처럼 느껴졌다.

아이와 자주 걷던 동네 산책길이에요.

도심 속
작은 옹달샘을 찾아

2020.11.20.

날씨 : 기분 들뜬 맑음

　어제까지 내리던 비 때문에 내가 세운 아주 짜릿한 계획에 변화가 생길까 걱정을 많이 했었다. 하지만 아침에 일어나 창밖을 보니 다행히도 흐리기만 할 뿐 비는 오지 않았다. 아침 뉴스 말미 일기예보에서도 오늘 비 올 확률은 거의 없었다. 유후, 내 계획은 차질이 없다.

　여느 때와 같이 남편과 함께 출근길에 올랐다. 회사 앞에서 남편에게 잘 다녀오라는 인사를 하고 사무실에 잠깐 들러 스마트폰 충전기를 챙겼다. 이 충전기만 아니었어도 사무실 패스했을 텐데, 옆 짝꿍직원만이 내 계획의 내막을 알고 있어 웃었다. 나도 같이 웃으며 충전기를 뽑아 대충 주머니에 넣고 다시 밖으로 나갔다.
　홀가분한 마음으로 시내버스를 타기 위해 걷다 '설마 남편의 차는 없겠지?'라는 마음으로 내 앞에 가고 있는 차들을 보다 우리 집 차 번호가 보였다. 어이쿠, 정차된 트럭 뒤에 살짝 몸을 숨기고 차들이 신호를 받고 빠져나갈 때까지 기다렸다. 모두 빠져나간 걸 확인 후 난 더욱 가벼워진 걸음걸이로 버스정류장으로 향했다.

오늘은 내 휴가날이다. 며칠 전부터 쑤시는 몸 상태로 집에서 쉬려고 낸 휴가이긴 하지만 김장을 앞두고 절임 배추가 오는 날이기에 분명 어머님은 김장준비를 할 것이고 그런 어머님을 모른척하고 쉴 수만은 없다는 생각에 이렇게 오늘 땡땡이를 치기로 했다. 은행에 잠깐 들러 일을 본 다음 버스에 올라 도서관에 도착했다.

도서관은 생긴 지 얼마 안 되어 건물도 낯설었고, 내부 인테리어나 배치가 여타 도서관과는 전혀 다른 방식이었다. 건물 층 전체가 트여 있는 구조였으며 따로 문이 없는 다소 낯선 구조였다. 하지만 앉아서 책을 읽을 장소나 컴퓨터 또는 스마트폰 등을 충전할 수 있는 책상과 콘센트가 있는 좌석 등 도서관을 이용하는 데 있어 꽤 편리하게 되어 있었다. 특히 회원관리나 직원 대면업무는 1층 현관 입구에 민원대가 있고, 층마다 소수의 인력이 그 층을 관리를 하는 구조였다.

그곳에 도착해 본능적으로 주변을 살폈다. 공간이 넓기는 했지만 아직 서가마다 책이 많은 편은 아니었다. 앞으로 채워질 공간이겠지? 배터리 충전을 하는 동안 관심 있는 책을 골라 자리에 앉아서 읽기 시작했다. 아침까지도 쑤시던 몸은 책을 펴고 안락한 의자에 앉으니 점점 풀리는 느낌이 들었다. 입고 있던 코트까지 벗어서 담요처럼 몸을 덮자 점점 더 여기가 좋아졌다. 지금까지 난 우리 동네에서 가까운 도서관만 갔었다. 그곳도 나름 제일 좋은 도서관이라 생각했던 이유가 책을 선택하고 편안하게 앉아서 읽을 수 있는 소파가 있다는 이유였지만 사실 소파는 그리 푹신하지는 않았다. 거기에 비하면 여기가 좀 더 좋은 환경이었다. 나 이젠 여기로 책 단골을 해야지.

방역시간 1시간, 점심시간 40분의 시간만 빼고는 집에 올 때까지 이곳에서 줄곧 시간을 보냈다. 책을 1권 완독하고 다른 책을 집어 들어 읽을 때쯤 이젠 집으로 가야겠다 생각하고 나왔다. 버스정류장으로 걸으며 보이는 도서관 맞은편의 호수 공원은 정비가 잘되어 있었다. 다음에는 도서관을 들른 후 공원도 산책해 보면 좋을 것 같았다.

집에 평상시보다 1시간 정도 이른 시간에 도착하자 딸과 어머님께서 어찌 된 일인지 물으셨다. 나도 참, 변명은 생각을 못 했는데 어느덧 기침을 자꾸 해서 상사분이 일찍 퇴근하라 했다는 말로 둘러대는 나를 보게 됐다. 그래도 평상시 거짓말하기를 좋아하지 않아서 잠자리 들기 전 아이와 남편에게는 이실직고를 했다.

회사,
조용할 날이 없다

2020.11.23.
날씨 : 영하의 추운 날씨

　편안한 업무 중 뜬금없는 아저씨 민원인이 한 분 오셨다. 이 민원인은 다짜고짜 보일러 설치하면 주는 지원금을 신청하러 오셨다며 신청을 해달라고 했다. 짝꿍은 그런 업무는 이쪽에서 하는 업무가 아니라며 다른 데서 받는 것 같으니 알아보시라 말씀드렸다. 이 민원인은 처리가 안되는데 짜증이 났는지 언행이 다소 거칠어졌다. 그러자 우리의 다혈질 짝꿍은 민원인의 짜증에 비슷한 어투로 맞받아치면서부터 둘의 언쟁이 이어졌다.

　아무래도 내가 적극적으로 끼어들면 민원인의 화를 더 돋울 것 같아 작은 목소리로 짝꿍을 톡톡 건들며 참으라고 몇 번 언질을 주었지만 우리의 불소 같은 짝꿍은 들리지 않았나 보다. 급기야 행정팀장님도 오시고 다른 직원도 와서 말리고 나서야 두 사람의 언쟁은 일단락이 되었다. 행정팀장님이 적극적으로 민원인의 업무를 알아보시고 안내를 드렸다. 어휴, 행정팀장님과 복지팀장님이 이 짝꿍을 불러 조용히 타이르고 나서야 이 직원은 자신의 잘못을 알아차린 듯했다.
　본인이 너무 흥분을 잘해서 생긴 민원인과의 트러블이었다며 소란을 일으킨 데 대한 사과를 했다. 그 직원의 모습이 내 마음에 닿았다. 나도 예전

민원을 보던 초창기 강성 민원인 때문에 화가 났을 때 큰소리로 맞대응은 안 했지만 얼굴이 붉으락푸르락하며 한참을 씩씩거렸던 지난 내 경험을 이야기해줬다. 그러다 그런 민원을 몇 년 거치다 보니 지금은 그냥 일로만 본다며 감정을 싣지 말라고 일러 두었다.

하지만, 짝꿍은 내 말을 전혀 이해하지 못하는 눈치였다. 처음 내가 주민센터 복지 민원창구에 앉으라는 제안을 받았을 때 거절했었다. 사람들과 대면하는 업무가 많이 어려워 보였기 때문이다. 복지팀에서 근무한 지 며칠 안 되었을 때 지만 버럭버럭 소리 지르는 민원인들에 겁을 먹어 나는 자신이 없다며 앉지 않겠다고 내 의사를 밝혔었다. 그 제안을 했던 어린 직원은 그저 옆에 앉아 신청서만 받아주면 된다며 내가 민원접수창구에 앉기를 포기하지 않았다. 그러다 점점 사람들과 대면하는 업무가 차츰 익숙해지고 익숙해지다 내가 할 업무가 전문상담을 하던 직원을 도와주며 익힌 상담기술(?)로 적응이 되자 어느새 난 복지민원을 혼자 보고 있었다.

이후 많은 사람들을 대하면서 나도 내 앞에서 버럭 하는 강성 민원인을 수도 없이 만나왔었다. 그런 일을 처음 접할 때는 당황하고 이 상황에서 아무것도 생각이 나지 않아 꿀 먹은 벙어리가 된 적도 있었다. 하지만 점점 이런 강성민원인들을 상대하는 노하우가 생겨서 어느새 이젠 평정심을 잃지 않고도 일처리를 할 수 있는 경지까지 된 나를 보게 된다. 오늘 감정을 잡지 못한 직원도 몇 년 후 오늘과 같은 강성민원인을 그저 덤덤하게 상대할 노하우가 생겨 있으리라 생각해 본다.

성장하는 나

2020.11.21.

날씨 : 추운 영하의 날씨가 겨울을 알린 날

짝꿍은 재택근무로 내가 있는 자리는 조용하고 조용한 자리가 되었다. 그렇다고 심심하거나 외롭거나 그런 건 별로 없었다. 내가 일할 때 좀 일만 하는 성격이기도 하고 어느덧 나도 중년이라는 나이가 되니 혼자서도 잘 지내고, 사람들과 어울리는 것도 좋고 두루두루 잘 지낸다.

특히나 요즘 유튜브의 영향일까? 아니면 주로 보는 책들의 영향일까? 모르겠지만 나 스스로를 단단히 하는 영상과 책들을 많이 보다 보니 이젠 주위의 눈치도 안 보고 누군가에게 거절 못하던 성격도 많이 좋아졌다. 특히 내가 느끼는 감정을 나 스스로가 잘 몰랐던 부분 때문에 누군가에게 솔직한 감정을 드러내기 어려웠던 점이 많이 나아졌다. 내 감정이나 내가 하고 싶은 말을 해야지 라는 생각주머니는 커지긴 했지만 정리되지 않은 생각들이 머리에 꽉 들어차 있었다. 정리가 필요했다. 뭐가 우선이고, 어떤 자세로 어디서부터 문제에 접근해야 할지 등의 물음표들만 계속 쌓여가고 있었다. 그러다 내가 하고 있는 이 무수한 물음표들을 글로 표현하기 시작했다. 그러다 보니 점점 폭발하던 감정의 글이 길어지고 감정의 크기는 작아지며 정리가 되는 걸 느끼게 되었다.

난 대면으로 하는 표현보다는 글이 편하고 훨씬 풍부한 어필을 할 수 있다는 걸 이렇게 알게 되었다. 다행이다. 나도 누군가의 눈치를 보지 않고 이렇게 표현할 수 있게 되어서, 그런 능력이 내게도 생겨나고 쑥쑥 자랄 수 있어서 다행이다. 그리하여 난 지금 더 큰 세상의 물결을 타기 위해 다른 사람들에게 자랑을 하거나 말은 하지 않았지만 부단히 노력하는 중이다. 그 결과야 어떻게 될지 모르겠지만 원하는 결과가 아니더라도 이 과정들이 나에게 큰 교훈이 될 듯하다. 건강하게 내가 성장하는 내가 되리라 생각해본다.

아이가 미술학원에서 만들었다며 예쁜 전구모양에 불빛이 반짝이고 액체에서 눈송이 마냥 반짝이가 흩뿌려지는 예쁜 선물을 해줬다. 오늘의 고단한 몸과 피로한 생각들은 아이의 선물로 사르르 녹는다. 아, 딸을 참 잘 낳았다. 참 잘 컸다. 이런 예쁜 선물도 받아보게 되다니. 이런 딸 하나 더 갖고 싶다. 실현가능성은 없지만 그저 상상만으로 만족한다. 딸 고마워!

고사리 손도
보태야 했던 하루

2020.11.24.

날씨 : 분주했던 쾌청한 하루

   드디어 김장하는 날이 찾아왔다. 8시쯤 일어나 김장준비에 돌입했다. 무채 등 김치 속재료는 어머님께서 다 준비해 두셨고 우리 부부는 거실에 넓게 깔아 놓은 비닐 위에 또 김치 속을 넣을 사각 비닐 틀(?) 옆에 앉아서 속재료 뒤섞기부터 시작하였다. 간장, 새우젓, 생 새우, 마늘, 온갖 양념을 뒤섞은 후 절임 배추를 딸아이가 나르며 배추 하나하나 잡고서는 속을 채웠다. 어린 딸아이의 몸놀림도, 시어머니와 그리고 우리 부부도 김장에 있어 각자가 할 일을 바삐 움직이는 속에서 정확하게 찾아 해내고 있었다. 아이는 아주 어렸을 때부터 어른들이 움직이는 걸 보면서 뭘 어떻게 해야 하는지 일머리가 늘었다. 그러다 보니 우리 집 가족 중에서 엄마, 아빠 못지않게 힘쓰는 것도 뭔가 할 일들도 잘 찾아서 해주는 모습을 많이 보게 된다. 대견하다.

   속을 채운 배추는 딸이 비닐봉지를 씌워 놓은 김치통에 넣어져 빈 통을 채워갔다. 그렇게 두 시간가량 김장이라는 큰 행사를 끝냈다. 어느새 60킬로의 배추는 김장이 되어 김치냉장고의 큰 비닐봉지 가득 채워졌다. 이전에 넣던 김치통이 아닌 큰 비닐봉지를 김치냉장고 안에 넣고 그 큰 비닐봉지에 김치를 넣기로 아이디어를 냈다. 다행히 이 아이디어는 명쾌하게 우리의 고민을 해결해 줬다. 남는 김치 하나 없이 다 들어갔다. 김치냉장고가 작아 어머님께서 김치냉장고를 작은 걸로 하나 더 사라고 하셨지만 그 냉장고를 놓을 공간도, 비용도 다 별로 내키지가 않았었다. 다행이다.

김장을 끝내고 청소와 집기를 씻었다. 방금 전까지 거실과 부엌, 그리고 세탁실까지 배추와 다양한 김장 준비재료 등으로 산만했지만 점점 나를 비롯하여 가족들이 같이 움직이다 보니 금세 이전의 깨끗한 공간으로 돌아갔다. 뭔가 언덕만큼 큰, 묵혀 놨던 일을 끝낸 것처럼 후련했다. 김장을 하는 날이면 같이 생각나는 보쌈이 빠질 수 없지. 보쌈을 만들었다. 1시간 정도 통 목살을 삶아 이번에 담근 김치와 함께 식탁에 올렸다. 점심시간과 딱 맞아떨어져 더 좋았다. 1킬로그램의 목살로 보쌈을 했는데도 거의 다 먹을 정도로 다들 맛있게 먹는다. 그 모습을 보면서 내 얼굴에는 또 입꼬리가 귀까지 올라간다. 남편은 근처 친구네 집에서도 보쌈을 해 먹을 거라며 된장과 김치를 싸 달라고 한다. 내가 만들어 낸 보쌈이 맛이 있긴 있었나 보다. 칭찬을 이리 애둘러 하는 남편이다. 그 칭찬 덕분에, 먹은 고기와 김치 덕분에 오늘은 저녁밥을 안 먹어도 배가 부를 것 같았다.

매년 11월 중순 김장김치를 담그는 모습이에요.

내가 하고 있는
일에서의 보람

2020.11.25.
날씨 : 그저 좋은 날

　나는 복지팀에서 일하면서 사회복지 대상자들을 주로 만나게 된다. 복지팀을 찾는 민원인들은 다양하다. 이제 막 아기가 태어나 양육수당을 신청하는 민원인부터 연세 많으신 어르신, 장애인 등 많은 사람들이 찾는다. 그 많은 사람들의 간지러운 곳을 긁어 드리려면 우선, 이 분들과 소통을 잘해야 한다. 주로 경제적으로 힘든 분들이나 정보가 많지 않은 분들이 대부분 주민센터로 오시는 분들이라 오셔서 복지에 관한 업무를 보시는 경우가 많다. 이 분들은 직원들이나 사회복지를 많이 찾고 경험한 이들과 달리 본인이 필요한 것을 어떻게 말로 전달해야 할지 모른다. 당연하다. 그들은 나라의 정책이 어떤 단어로 사용되는지, 절차는 어떻게 규정되어 있는지, 본인이 필요한 게 어떤 것이고 어떤 혜택을 받을 수 있는지도 모르시는 분들이다.

　나도 전혀 찾지 않던 공공기관이나 관공서에서 이분들처럼 어떻게 해야 할지 몰랐을 때가 많았으니까 그분들을 충분히 이해한다. 그러다 보니 이 분들과 대면하게 되면 먼저 그분들이 하고자 하시는 말씀을 끝까지 눈 맞춤을 하고 경청한다. 그러다 보면 그분이 하시는 말씀을 정리하고 내가 도와드릴 일이, 내가 질문할 부분이 보이게 된다. 그렇게 작게 그분과 소통이 이어지다 보면 어느새 그분도 나도 자연스럽게 시원하게 일처리를 하고 있는 걸 다수 경험했었다.

이젠 온통 컴퓨터를 사용하지 못하면 뭔가 일처리가 상당히 불편한 세상이 되었다. 이런 이유로 컴퓨터와는 다소 거리감이 있으신 분들이 주로 복지민원창구를 찾았다. 난 그렇게 오시는 분들이 싫지 않았다. 등기소를 찾아가야 하는데 가는 길을 모르신다는 어르신이 찾아오셔서 도움을 청하시면 인터넷으로 검색한 지도를 프린트해 버스를 타고 어찌어찌 찾아가면 된다는 정보를 굵은 네임 펜으로 써드린다. 그 프린트물을 받아 든 어르신이 어두운 눈이라 글씨도 잘 보이지 않는데 친절하게 알려줘 고맙다는 말씀을 해 주신다. 그 인사 한마디면 내가 그 자리에 있을 충분한 이유라 생각해 그저 기분이 날아올랐다. 나도 누군가에게 도움이 될 수 있는 존재가 된다는 게 그저 좋다.

장애를 가지고 생활하는 우리 부부도 사회복지 대상자이다. 그리고 잠시 생활이 너무 어려워 차상위계층으로 복지지원을 받기도 했었다. 그때 든 생각은 내가 당당히 세상에 내 목소리를 내면서 살고 싶었다. 내가, 우리 가족이 어려울 때 좌절하지 않도록 도움의 손길을 받았던 그 고마움을 나도 내 도움이 필요한 사람들을 도우며 살고 싶다는 간절한 소원이 생겼다. 어렵고 힘들고 아팠던 기억은 쉬이 잊히지 않는다. 그리고 그 어려운 시간 속에 있을 때 받았던 도움의 손길은 더 잊지 못하고 진하게 남아 있다. 누군가를 돕는 것은 나도 살다 보면 어려움을 겪을 때 도움을 받을 수 있는 길을 내가 살포시 다지는 발자국이라 생각한다. 나도 아플 수 있으니 다른 사람이 아플 때 먼저 손 내밀 수 있는 용기, 그래서 나도 누군가를 돕는 일을 하고 싶다.

행복,
지금은 나에게 있다

2020.11.26.
날씨 : 많이 추워졌지만 맑음

    오늘 복권을 한 장 샀다. 이 복권을 살 때마다 항상 비타민C를 머금은 듯 새 희망에 들뜨게 되는 이 기분을 좋아해서 가끔 산다. 이번 주말을 기다리는 가장 큰 이유가 생겼다. 집으로 오면서 불현듯
  '나 지금 행복한가? 이렇게 행복해도 되나?'
  라는 생각을 하는 순간 눈이 커지고 입가에 미소가 살짝 일었다. 그래, 나 지금 행복하다. 비록 아직은 달려야 하는 시기이고 아껴 써야 하는 시기이지만 정말 행복하다. 내가 이 행복이라는 존재할 것 같지 않은 것 때문에 청춘시절 얼마나 많은 방황을 했던가! 돈이 많으면 행복할 것 같아서 나를 혹사하면서까지 일도 해봤고, 뭔가 다 가진 것 같이 행복해 보이는 사람들 곁에서 흉내도 내봤고, 남들이 해서 좋았다는 여행 등의 취미도 가져 봤었지만 내 마음은 언제나 공허했다.

    그렇게 방황과 불안의 시간들은 남편을 만나 점점 작아졌다가 아이가 생기고 산후 우울증으로 다시 커졌다 또 점점 작아졌다 반복하더니 지금, 이 순간은 단단하게 다져진 행복감을 갖게 된 것 같다. 지금 나는 딱히 자주 연락하는 친구도 많지 않고 만나는 친구는 더더욱 없으며 편하게 찾아갈

형제나 친척도 없다. 그리고 어딘가 소속되어 있는 곳은 직장과 현재 코로나로 쉬고 있는 성당 도서봉사모임, 마지막으로 우리 가족이 전부다.

사람들과 교류하지 못하니 점점 말수도 줄고 외롭다는 감정이 나를 집어삼킬 때가 가끔 있었지만 그때마다 남편이 나를 잡아줬다. 그래서 다시 일어설 용기를 얻었고 일어나고 나면 앞으로 살면서 다시 넘어졌을 때, 좌절만 하지 않기 위해 힘이 필요하다는 걸 알게 되었다. 그래서 읽고 글을 쓰고 집에서 하는 다양한 취미들을 소소하게 이어갔다. 이 외로움이라는 것 또한 아주 거대한 괴물로 느껴지지 않게 되었다. 그저 내 다양한 감정 중의 하나로 생각하게 되었다.

나에게 행복을 찾게 해 준 가장 고마운 존재인 가족, 가족과의 유대를 위해 기도하는 마음으로 하루하루 노력했던 시간들만으로도 나를 더 단단하게 만들어줬다. 내가 잘하는 엄마나 아내, 며느리라고는 도저히 말 못 하겠지만 그래도 그런 존재로서 사랑해 주는 가족들이 그저 고맙고 든든하다.

사랑합니다. 표현이 부족했을 거예요. 그래도 마음은 항상 사랑합니다. 이번 연말에는 가족, 지인들에게 손편지와 직접 만든 작은 선물들을 준비해서 전달해 봐야겠다.

겨울,
골목 동네에 산다는 재미

2020.12.01.

날씨 : 쌀쌀해서 움츠리게 된 날

　시내로 나갔다가 집으로 향하는 길에 서울 시내의 건물들과 한강, 또 많은 자동차들을 구경하며 생각 저편의 추억도 꺼내 나름의 시간을 즐기고 있었다. 그렇게 달려 거의 집에 다다랐을 즈음 남편과 다른 의견 하나로 작은 실랑이를 했다. 아이를 위한 간식을 사가자는 나와, 그냥 가자는 남편의 실랑이는 내 의견에 따라서 아이 간식을 사려고 주택가 골목으로 차를 돌렸다. 그러다 갑자기 나타난 횡재, 미니 붕어빵 장사를 발견했다. 그것도 우리는 전혀 예상 못 할 장소인 집과 가까운 곳에 떡하니 자리하고 있었다. 장사하시는 아주머님은 연신 굽고 계셨다. 내가 도착하자 내 앞 순서로 기다리던 두 아주머니와 기다리다 잠시 자리를 뜬 남자분까지 세 분을 더 기다려야 한다고 했다.

　기다렸다. 지난번 우리 동네를 죄다 뒤지고 옆 옆 동네까지 다 찾아 헤매다 실패한 경험이 있어 이 붕어빵 장사는 우리에게 노다지를 찾은 듯 기뻤다. 전혀 예상도 못했던 자리에 있다는 것도 놀라웠지만 붕어빵을 굽는 아주머니께서 일주일 전부터 이곳에 차렸다는 말이 더없이 반가웠다. 1시간도 넘는 시간 동안 기다렸다. 내 차례가 가까워 왔을 때 한 아주머니께서 내 차례를 본인 차례라는 말에 내 신경이 곤두서며 재빠르게 강한 말투로 반박하는 내 모습을 본다. 나 정말 붕어빵에 온 신경을 올인했구나. 병아리를 품는 어미 닭 마냥 날카로워진 내 모습에 상대방 아주머니가 움찔하신다. 집에서 기다리는 딸 생각하며 전투적인 엄마의 모습이 나온 것 같다.

집에 도착해서 보니 반가워하는 아이도 어머님도 안 계셨다. 반가운 얼굴을 기대했던 마음은 바람 빠진 풍선 마냥 시들해진 채 따끈한 붕어빵을 아이와 어머님을 위해 식탁에 그대로 올려놓았다. 학원에서 돌아온 아이와 근처 할머니 댁에서 돌아오신 어머님은 붕어빵을 아주 반가워하셨다. 비록 식긴 했지만 그래도 다음에는 더 따끈하고 맛있는 붕어빵을 기대하며 맛있는 간식타임을 가졌다. 다음에는 꼭 따끈한 붕어빵으로 어머님과 딸에게 선물하고 싶다.

나의 큰 그림
무너지는 건가?

2020.12.10.
날씨 : 맑기도, 춥기도, 눈이 오기도

지난 금요일부터 이어진 두통이 나를 괴롭혔다. 그건 시초였다. 나의 여러 질병 중 하나가 다시 재발했다. 참으면 나아지겠지 라는 기대는 음식조차 먹을 수 없을 만큼 심해졌다. 그렇게 병을 키워 응급실 신세를 졌다. 그 일이 있고 난 후 내가 좀 우울이라고 할까? 아니면 세상을 바라보는 시각이 변했다고 할까? 약간 끓어오르던 열정은 차분하게 식어갔다. 뭔가를 계속 쫓아가며 찾던 그런 욕심? 또한 점점 희미하게 사라지는 연기 같았다.
'그렇게 해서 뭘.'

그렇게 식고 난 열정 뒤에 남은 한 문장이 내 속을 깊이 파고든다. 이 문장을 잘 채울 자신이 없다. 지금 내 생활에 조금은 안주하고 싶고 따뜻한 아랫목에 앉아 찐 고구마에 김치를 올려서 먹고 싶기도 하고, 아이와 어머님을 위한 따뜻한 바지 한 벌 만들어 보고 싶기도 하다. 그리고 무엇보다 여유시간 내내 나를 위해 잔잔하고 부드러운 음악과 함께 하고 싶은 게으름을 모두 누려보고 싶다. 예를 들면, 하루 종일 드라마 보기, 소설 읽기, 잠자기 등 모두를 누리고 싶다.

내가 뭔가를 아주 열심히 한 것도 아니고 그저 열심히 하는 척만 한 것 같은데 이렇게 덜컥 건강에 적신호가 오니 나로서는 이젠 내가 그리던 큰 그림은 한낱 신기루 같은 게 아니었나 싶다. 그냥 사라지는 지난밤의 꿈으로 기억해야 할까? 이 글을 쓰는 지금도 그 꿈을 놓아야 하나 말아야 하나 고민이 된다. 그렇다고 이런 걸 누군가에게 털어놓고 조언을 구하고 싶지만 글쎄, 누가 들어줄까? 그냥 평생 나만의 고민이라 생각하고 덮어야지.

오늘은 내 생각을 그대로 쓰면서 글이 점점 무거워진다. 그래도 나에게 내가 하는 이야기라 나를 좀 더 정면으로 볼 수 있어 그나마 마음을 정리하는 데는 도움이 되는 듯하다. 내일의 고민은 또 내일 해결해 보자.

부녀의 쿵짝이 잘 맞아요. 아주 아주 닮은 부녀예요.

호수 위
백조처럼

2020.12.16.
날씨 : 춥고 춥고도 더 춥던 날

    지난번 신우신염 재발 이후 다 쓴 휴가로 인해 사무실 담당자와 팀장님께 부탁을 드렸다. 아침 30분 늦게 출근, 점심시간 30분 근무를 하기로 했다. 그리하여 얻어 낸 중요한 시간은 다름 아닌 병원에서 항생제 주사약을 맞고 오기 위함이다. 나에게 항생제 내성이 생겨 이제 더 이상 쓸 약이 없다고 했다. 지금 맞고 있는 건 링거로 맞는 약이고 이것도 내성이 생긴다면 앞으로는 재발할 경우 입원을 해야 한다고도 했다.

    내 마음이 다소 무거워진 일주일이었지만 항생제 치료가 끝난 후 관리를 잘하면 다시 원래상태로 약한 항생제를 쓸 수도 있다고 하니 희망이 아주 없는 건 아니었다. 난 나 스스로를 믿는다. 나 스스로를 잘 돌봐야 한다. 한동안 잊고 있던 나 자신의 보호본능이 일어났다. 예전이었다면 울기도 했을 거고 낙담하여 우울했을 텐데 그러지 않았다. 질문하고 싶은 모든 걸 의사 선생님께 질문하고 길을 찾았다.

    아주아주 귀중한 시간 아침 30분, 출근시간 30분 여유를 갖게 되었지만 이 시간도 맞추려면 많이 서둘러야 했다. 남편은 9시 30분 출근인데 불구하고 버스로 혼자 가겠다는 나를 위해 7시 30분에 집에서 나서기로 했다.

병원은 차로 30분 거리로 남편 회사가 병원 근처에 있어 다행이다. 병원에 도착하자마자 주사처방에 대한 수납을 하고 주사실에 가서 링거를 맞았다. 주삿바늘의 찔림 정도의 고통은 이젠 뭐 별로 무섭지도 않게 되었다. 참, 살고자 하는 욕심이 나를 강하게 만드나 싶다.

주사를 맞는 데는 30분 정도가 걸리지만 간혹 주사 맞기 전 약을 녹여야 한다고 해서 시간이 더 걸릴 때도 있다고 했다. 오늘이 그런 날이었다. 주사를 맞는 동안 1분 1초가 애가 탔다. 어제는 주사를 맞고 우리 동네로 오는 버스를 타기 위해 병원에서 한참 떨어진 버스정류장까지 온 힘을 다해 뛰었다. 그런데 나중에 알게 된 방법으로 병원 앞에서 버스를 타면 우리 동네 오는 버스로 환승할 수 있었다. 오늘은 그리 가야지 하는 생각으로 버스 노선도와 시간을 계속 체크했다.

드디어 병원을 나와 첫 번째 버스정류장에 도착했다. 운이 좋게도 바로 버스 한 대가 왔다. 옳다구나, 하고 냅다 뛰어 탔다. 그런데 이 버스는 내가 내리려는 곳에 정차하는 버스가 아니었다. 아, 솔솔 작은 화가 나고 한심스러웠지만 그런 감정소모는 지금 나에게 좋은 영향은 없다. 얼른 털고 다시 집중했다. 잘못된 정류장에서 내리자마자 내가 타야 할 정류장까지 또 뛰었다. 다행히 운이 좋게 10여 분 기다렸다 버스를 탔다. 사무실이 있는 정류장에 내렸을 때는 약속한 출근시간 5분 전이었다. 사무실로 있는 힘을 다해서 뛰었다. 마음은 급하고 발은 더디게 느껴졌다. 드디어 회사로 들어가는 문이 눈앞에 보인다. 세이프! 약속한 시간에서 1분 전에 들어왔다.

내 자리에 앉아서 업무를 보기 위해 준비하다 거울로 내 상태를 보니 머리는 산발에 얼굴은 홍당무, 흘러내리는 땀방울들, 어디 숨길 수도 없는 거친 숨소리까지 그대로 드러났지만 그래도 난 오늘 지각은 아니다. 비록 점심시간 30분을 근무해야 하지만 그래도 지각이 아닌 게 어딘가? 내일도 모레도 금요일까지 이렇게 힘든 출근길이 이어질 걸 생각하면 마음이 무겁지만 그래도 내가 출근하고 다달이 월급을 받는 회사가 있어 좋다. 앞으로는 건강을 좀 더 꼼꼼하게 체크하고 지켜 나가야 하는 게 아주 중요해졌다. 지금 내가 건강 말고는 딴 데 신경 쓸 겨를이 별로 없을 정도로 중요한 일이 되었다. 괜찮다. 이보다 힘든 일들도 다 이겨내 왔다. 괜찮다.

7장

작은 세상이 꾸는 꿈은
그저 소박하다

반지

김현정

똥그란 것이
암껏두 쓸데가 없는
물건인 것이

내 손꾸락에 오십 년 동안이나
끼워져 있네 그려

이것이 무엇이라꼬
요로케나 오랫동안
나와 같이 했을 거나?

보드라운 새색시 손일 때
끼워져서는
거칠고 거친 두꺼비 손이 된
지금도 나와 함께인 걸 보니

요 물건이
매운 말 하는
남편보다 낫네그려

요 물건이
가끔 찾아보는
친구보다 낫네그려

뒤돌아 보기,
앞을 내다보기

2020.12.30.
날씨 : 마음 가벼웠던 맑은 날

업무 시간에 마스크 포장업무와 쓰레기봉투 소분 작업을 좀 했더니 몸이 난리가 났다. 통증이 몰려온다. 이렇게 몸을 쓰면 안 된다는 건 알지만 일이 눈에 보이면 생각보다 몸이 먼저 반응을 하는 성격인지라 오늘도 무리를 하고야 말았다. 퇴근 후 집으로 향하며 맞선 겨울바람은 아주아주 매섭기가 그지없었다. 올 들어 제일 추운 날이 아닌가 할 정도였다. 그 바람을 맞으며 남편의 차를 기다렸다. 10여 분의 시간 동안 생각해 보니 내일이 올해의 마지막 날이라는 사실이 떠올랐다. 아쉽다. 이뤄 놓은 게 너무 없어서, 아이에게 뭔가 추억이 될 만한 걸 만들어주지 못해서, 지인들에게 잘해 준 게 없어서 너무 아쉬운 한 해였다.

내년에는 올해보다는 조금 더 잘하고 싶다. 내년에는 흐르는 시간 잡을 수는 없겠지만 허투루 쓰는 일은 없었으면 좋겠다. 요즘 젊은 사람들은 TV 시청하는 시간이 많지 않다고 한다. 자기가 좋아하는 취미나 뭔가를 찾아서 계획하고 실행한다고 한다. 나도 마음만은 청춘이니 배워야 할 점이라고 생각한다. 특히, 노년의 나이로 접어드신 시어머님께서 경로당도 못 가시고 야외활동도 많이 못 하시자 하루 종일 TV만 시청하시는 모습을 바라

보면 그리 좋아 보이지는 않았다.

　우리 어머님과 시골에 계신 친정 부모님을 생각하다 보면 나도 언젠가는 기력이 떨어지고 마음먹은 대로 못 하는 때가 있을 거라는 생각이 든다. 더구나 요즘의 도시생활은 젊은이도 어린아이들도 힘들다는 데 어머님은 더 하실 거라는 생각에 마음이 많이 무거워졌다. 내가 뭔가 해드릴 수 있는 것도 많지 않고 그저 나도 하루하루를 보내는 직장인이라 나도 어머님도 아쉬운 마음이 드는 것 같다. 어머님의 마음을 조금이라도 편안하게 해드리고 싶은 마음은 있지만 현실적으로 따라주지 못하니 속만 상하다.

　내 숙제를 끝내고 10시쯤 아이도 아이의 할 일을 마감했는지(크루 활동으로 그림과 글을 쓴다.) 나와서 엄마 아빠와 대화의 장이 열렸다. 나의 수다가 이어지고 이어지다 IMF 이야기까지 가더니 급기야 아이도 남편도 하품을 하며 각자 잠자리에 들 준비를 하러 갔다. 가는 아이의 뒤꽁무니에서도 내 수다는 이어졌다. 씻는 아이와 졸려서 눈을 비비는 남편을 보면서도 내 수다는 끝나지 않고 계속되었다. 나 꼰대인가 보다.

　난 아이와 남편과의 대화가 참 즐겁다. 내 말을 다 들어주니까.

아이가 4살에 그린 이 그림을 보고
아이를 화가로 키워야겠다 깊이 고민했었어요.

늘 같지 않은
연말

2020.12.31.

날씨 : 입김 하얗게 뿜어내던 날

올 한 해도 다 갔다. 한 게 뭐가 있는지 생각해 봤다. 코로나는 언제까지 비상상황이어야 하는지 끝이 보이지 않는다. 그래도 올해 곰곰 생각해 봤다. 그래도 나름 잘 지냈다. 시간이 지나며 책을 더 읽기 시작하면서, 그리고 나 바로 세우기 훈련을 통해 조금씩 회복해갔다. 지금은 혼자라도 행복하다. 마음이 세상 어떤 부자보다도 큰 부자인 천사 같은 남편과 귀엽고 사랑스러운 딸이 있어 행복하다. 가끔 속 시끄러울 때 전화해서 하소연할 친구도 많지 않지만 몇 명 있고 이 정도면 나도 마음 중산층은 되지 않을까 싶다.

'하느님 감사합니다. 저 사실 하느님 많이 미워했던 거 아시죠? 아주 가끔 아주아주 가끔 하느님께 감사하다는 표현합니다. 나에게 귀한 남편과 아이를 선물로 주셔서 감사합니다.'

저절로 감사기도가 나온다. 남편의 든든하고 안정적인 영향을 받아서인지 나도 올해 마음이 편안해서 자격증도 따게 되었고, 등산도 두 번을 했고, 책도 여러 권 읽었다. 여기다 또, 작은 공모전이지만 공모전에도 또 당선되어 상금과 상패를 받기도 했다.

가끔 장시간 통화하는 친한 언니에게 이런 내용의 통화를 하다 그 언니는 내가 대단하다며 훌륭하다 했다. 그저 난 함박웃음을 웃으며 내 지금의 마음을 표현했다. 평소 그 언니도 통화에서 할 이야기가 없으면 남의 흉을 보는 게 시간 보내는 취미였지만 그렇지 않은 나의 이야기를 듣고 크게 느끼는 게 있는 모양이었다. 21년에는 조금은 더 큰 도전을 해보고 싶다. 더 큰 목표를 이루고 싶어 자기 계발서를 또 읽기 시작했다.

바깥이 많이 춥다. 퇴근 후 집으로 들어서는 우리 부부를 집안의 더운 공기가 감싸는 걸 느낄 때 '아! 우리 집이구나.' 느끼게 된다. 따뜻한 동태찌개와 함께 저녁을 먹었다. 이번 연말과 새해 연휴에는 우리 가족끼리 맛있는 음식을 해 먹고자 마음을 먹었다.
'내일부터 열심히 점심과 저녁을 해 볼까?'
하며 냉장고를 열었다. 어머님은 벌써 명절음식을 하고자 다 준비해 두신 후였다.
잡채재료도 만두, 떡국 떡, 과자 등 오늘 내가 송년선물로 사무실에서 받아온 롤 케익까지. 갑자기 우리 집 먹거리 부자가 됐다. 저녁에 연말 기분을 내려고 온 식구가 둘러앉아 올해 잘했다며 칭찬도 하고(주로 아이가 잘했다고) 새해 계획도 세우면서 시간을 보냈다. 그러다 분위기가 무르익을 즈음 아이가 먹고 싶은 피자를 주문을 하려고 평소 먹던 피자집에 전화를 해도 배달 어플로 접근을 해봐도 도통 연락이 안 됐다. 연말이라 대목인 갑다.

주문이 안되자 아이는 그럼 옛날 통닭을 사달라 한다. 부리나케 남편과 가게를 다녀왔다. 한 마리의 통닭도 식구들과 먹으니 어찌 이리도 맛있는

지. 요즘 내가 다시 우리 집 개그우먼으로 나선 분위기다. 계속 나로 인해 웃는 가족들을 보며 행복을 느낀다. 통닭을 먹으면서도 뭐가 그리 좋은 지 우리 가족은 마냥 웃는다. 내년에도 지금처럼 웃는 날들이 계속되길, 올해처럼 세운 계획들도 다 이루길, 온 가족 건강하고 행복하길 새해 소원으로 하늘에 빌어본다.

작은 세상이 꾸는 꿈은
그저 소박하다

2021.01.01.
날씨 : 무지무지 추워서 손이 곱던 날

드디어 새해다. 일어나 아침을 먹었다. 어머님께서 끓여 놓은 김치찌개를 덜어 놓은 밥에 얹어서 식탁에 앉아 천천히 먹었다. 새해 아침이라고 별다를 건 없었다. 그래도 새해 기분을 내기 위해, 남편과 아이에게 한 살 더 먹었다는 걸 확실하게 인식시켜 주기 위해
"새해 복 많이 받으세요. 한 살 더 먹은 걸 축하해요."
자다 일어난 아이는 뜬금없는 나이의 변화에 살짝 놀라기도 기분이 좋기도 한 모양이다. 배시시 웃는다. 딸이 벌써 올해 중학생이다. 내가 중학생 학부모라는 게 믿어지지가 않는다. 기분도 초등학생 학부모보다는 더 자란 듯하다. 졸업과 입학 선물을 해야 하는데 뭘 해야 할지 고민이 된다. 특별한 선물을 하고 싶은데 궁리 좀 해봐야겠다. 교복도 조만간 맞추러 가야겠지? 교복 그리고 중학교는 어떤 모습일지 벌써부터 궁금하다.

저녁에 아이와 여러 가지를 이야기하다 아이가 갖고 싶은 아이패드를 사기 위해서는 100만 원에 가까운 거금이 든다고 한다. 지난번 모은 돈의 반을 지원해준다고 했었다. 하지만 그래도 많이 부족한 상황이었다. 지금 들고 있는 적금 4번 정도를 더 들고도 모자라는 돈이었다. 아이가 실망스러

운 표정을 짓자 나와 남편은 아이와 협상을 시작했다. 심부름이나 집안일 돕는 일 한 가지씩 할 때마다 돈을 주기로 했다. 설거지 한 번에 천 원, 청소기 돌리기 한 번에 천 원, 우리 집을 위해 뭔가 작품이나 좋은 영향을 끼치는 일에도 가격을 매겨 돈을 주기로 했다. 아이가 곰곰 생각하며 계산기와 종이를 가져와 눈과 손, 마음이 빨라졌다. 그러더니 방긋방긋 웃으며 좋아했다. 예상보다 일찍 아이패드가 생길 것 같다며 기뻐했다. 아이는 환호까지 부르며 내일부터 당장 시작하겠다고 한다. 주말에 두 번의 설거지, 청소 한 번 등을 하면 얼추 계산이 나온 단다. 그렇게 계산하던 아이의 얼굴에 화색이 돌며 말했다.

"올 중순이면 아이패드를 살 수 있을 거 같아."

얼마나 아이패드가 갖고 싶었는지, 얼마나 돈이 벌고 싶은지, 아이의 얼굴에 생기가 돈다.

추운 겨울,
딸에게는 좋은 추억이 되길

2021.01.08.

날씨 : 쌀쌀하면서 맑은 날

　눈은 그쳤다. 하지만 아직 녹지 않은 눈으로 염화칼슘을 찾는 민원인도 많았고 사무실 바닥과 건물 곳곳의 바닥들은 검은 물이 섞인 발자국이 즐비했다. 눈이 오는 건 좋은데 뒷감당이 힘든 날씨다. 회사 업무는 날씨로 인해서인지 민원인이 많지는 않았다.

　딸아이의 졸업식이 있는 날이다. 아이가 친구들과 먹겠다며 중국음식을 시켜달라고 연락이 왔다. 흔쾌히 시켜줬다. 오늘이 졸업 대목이라 중국집마다 연락이 잘되지 않은 우여곡절을 겪고 겨우 1시쯤 배달이 갔다고 한다. 탕수육이라도 더 시켜줘야 했나? 아니다. 여자아이들이라 배가 그리 크지는 않겠지. 나의 점심도시락을 먹으면서 아이의 성장과정을 되짚어보니 아이는 우리 부부에게 기쁨이었다. 밝게 잘 자라주어 감사하고 감사하다. 퇴근하고 남편과 함께 집으로 들어서자 아이는 배시시 웃으며
　"오늘 브랜드 치킨 사주기로 했지?"
　라고 엄마, 아빠와의 약속을 상기시켜 주었다. 배달 어플을 열어 주문하고 배달되어 온 치킨을 보면서 아이는 마냥 얼굴에 웃음이 번진다. 좋아했다. 치킨 한 마리에도 밝게 웃는 아이의 모습을 보면서 그간 얼마나 먹고

싶었는지 짐작이 되었다.

  아이가 받아온 졸업 문고집과 앨범을 보며 길고 긴 담소를 나눴다. 아이의 초등학교 친구들 이야기, 새로 가게 될 중학교의 생활이나 같이 갈 친구들 이야기 등 내가 딸과 함께하는 담소시간이 나의 수다 삼매경에 제대로 빠진 순간이 되었다. 오늘도 딸아이와 남편, 시어머님과 함께하는 이 시간이 마냥 행복했다.

집 청소하시는 엘사 공주님이십니다.

세상의 무게에
힘들어하는 이들에게

2021.01.13.

날씨 : 맑음

　어제보다 몸 상태도 좋아지고 기분도 나름 괜찮았다. 출근해서 밀린 일을 처리했다. 여유시간이 찾아왔을 때 또 생각하는 시간을 가졌다. 누구나 살면서 삶의 어떤 부분에 의미를 부여하느냐는 그 사람의 길고 긴 인생이라는 여행길을 어떻게 즐길 것인가 하는 가장 중요한 기준이 될 것이다. 나도 내 인생길을 제대로 보지 못하고 남들과 비슷해야 한다는 막연한 생각만으로 우왕좌왕하며 나를 찾지 못했던 시간이 길었다.

　지금 이 글을 쓰면서도 내 마음의 뚝심은 절대 흔들리지 않으리라는 생각을 갖고 있진 않다. 많이 흔들렸던, 아니 내 마음은 기준도 없이 바람이 부는 데로 나부끼다 길바닥 한구석에 처박힌 구겨진 휴지 조각이었는지 모르겠다. 나를 찾지 못했었다. 나를 찾는다는 게 어떤 건 지도 알지 못했었다. 그런 시간 동안 겉은 화려할지 몰라도 마음은 더 메말라지고 사춘기시절 꿈꿨던 희망들은 연기처럼 사라지고 없었다.
　이제 어느덧 40대 중반을 넘어 생각해보면 그때의 내가 참 애잔했다는 생각이 든다. 그 많은 눈물들이 마음에 빛이 되었나 보다. 이제서야 지금의 나를 나 스스로를 마주 볼 수 있게 되었다. 그리고 용기 내어 나의 상처를 숨기지 않고 천천히 내려놓았다. 익명으로 글을 쓰고 댓글들로 소통하는 사이트에 나와 비슷한 고민들을 안고 사는 청년들과 청소년이 참 많다는 걸 알았다. 난 그들과의 댓글을 이용한 소통으로 아팠던 나와 마주하고 지금의 내가 그때의 나에게 도움이 될만한 조언들과 응원을 아낌없이 하고 있다. 그러면서 이젠 나도 그들처럼 응원을 받고 치유가 되는 과정들을 이어 나가는 듯했다.

내가 사랑하는 가족이 생기고 세월이 흘러 편안하면서 평화로운 시간들로 하루하루 이어가고 있다. 어느덧 나에게 찾아온 도전에 대한 열망, 배움에 대한 열망, 세상을 제대로 보기 위한 열망들이 자꾸만 차오른다. 그런 열망들을 하나하나 노력하고 이뤄 나가는 그 순간을 한번 맛본 후 절대 그 달콤함을 잊을 수 없어 오늘도 몸은 비록 통증으로 힘들지라도 내 눈빛과 내 말과 내 마음은 평온을 유지하려 노력한다.

내 인생, 내가 주인공이다. 그렇다고 다른 사람들의 인생을 업신여기고 싶은 마음도 무시하고 싶은 마음도 없다. 모두 각자의 인생길 가는 그들은 그들의 주인공이니까. 내 인생길 꽃길이길 바라듯 내가 미워했던 이들도 언젠가는 꽃길을 만드는 그날을 기대해 본다.

이 글을 읽으며 삶에 대한 고민이 있으신 분들은 스스로의 가능성을 키워보는 방법을 찾길 바랍니다.

꼬물이,
나와 어깨를 나란히 하다

2021.01.15.

날씨 : 날이 좀 풀렸던 날

아이의 적금 만기일이다. 아이와 같이 은행 업무를 보기위해 필요서류를 떼면서도 마음이 무거웠다. 아이의 작은 일탈(어제 나에게 했던 거짓말)은 나를 너무 우울하게 했다. 약속한 점심시간에 아이가 회사로 왔다. 아이와 함께 은행까지 가는 짧은 거리를 걸으면서 예전처럼 조잘조잘 내가 먼저 대화하기가 싫었다. 나의 무거운 분위기를 느꼈던지 아이는 그전에는 볼 수 없는 엄마의 모습에 조심스럽게 먼저 대화를 시작했다. 평상시 내 시답지 않은 소소한 이야기에 살짝 귀찮은 듯 이야기하던 모습이 아니라 먼저 이야기하는 아이를 보니 앞으로 나도 좀 무뚝뚝할 필요가 있겠다는 생각이 들었다.

퇴근시간 즈음 아이가 회사 앞으로 다시 왔다. 오늘이 아이의 교복을 맞추기로 한 날이다. 아이와 같이 버스를 타고 교복점이 있는 정류장에 내려 교복점을 찾았다. 생각보다 작은 가게의 문을 열고 들어가니 거긴 밖에서 볼 때와는 다르게 안으로 넓은 구조의 건물이었다. 우리보다 먼저 온 학생의 교복을 맞추고 상담하는 내용을 들으며 나도 어떤 걸 챙길지 알 수 있었다. 아이의 차례가 돌아와 아이의 치수를 재려던 중년의 아저씨가 다가오셨다. 난 아저씨에게 정중히 계산대에 있는 나와 비슷한 또래의 아주머님이 치수를 재 주시기를 부탁드렸다. 눈치가 빠르신 아주머님이 서둘러 아저씨의 줄자를 받아 능숙하게 치수를 재 주셨다. 나와 중학교 입학에 관한 정보, 근처 중학교들의 차이 등 직장인 엄마로서 접하지 못하는 이야기들을 주고받으며 화기애애한 분위기가 이어졌다.

아이가 교복이 제대로 맞는지 탈의실에서 갈아입고 나왔다. 정말 눈이 휘둥그레질 정도로 예뻐 보였다. 어머나, 아이가 언제 저렇게 컸는지 놀라울 따름이었다. 정오의 분노? 화남은 언제 그랬냐는 듯 눈 녹듯 사라져 버렸나 보다. 우리를 태우러 온 남편의 차를 타면서부터 시작된 나의 수다 삼매경은 오늘 잠들기 전까지 이어진 걸 보니 나도 딸 바보인가 보다.

잔잔한 바다,
풍랑이 있을 때가 있듯

2021.01.24.

날씨 : 겨울이지만 약간 따뜻했던 날

편안한 하루를 보내고 있었다. 점심식사로는 남편의 오므라이스다. 나는 그냥 요리하는 남편을 구경만 해도 행복했다. 맛있는 오므라이스를 먹는 동안 아이는 케첩 유효기간이 너무 많이 지났다며 두 번이나 버렸는데도 자꾸 냉장고에서 나온다고 투정을 했다. 버리면 어머님께서 다시 냉장고로 케첩을 넣으셨기 때문이라는 걸 난 알고 있었다. 6개월 이상 지난 케첩을 다시 넣으셨으니 아이가 이런 말을 한다. 이번에는 확실히 내가 설거지할 때 내용물을 버리고 병은 씻어서 버렸다.

오후 1~2시 즈음 아이와 트럼프카드놀이를 하던 중 작은언니로부터 전화가 왔다. 다퉜다. 언니와의 의견충돌, 언니의 말에 나도 내 입장을 말하다 보니 서로 격해졌다. 소리까지 지르는 언니의 목소리에 나도 매운 말 한마디를 남기고 전화를 끊어버렸다. 끊고 나니 눈물이 흘렀다. 침대에서 꼼짝 안 하고 저녁식사 하는 시간까지 누워 있었다. 중간에 나의 상태를 살피는 딸이 이불을 들추고 나를 보더니 가만히 다시 이불을 덮고 나가서 제 방으로 가는 소리가 들렸다. 아이에게 창피했다. 남편에게 창피했다. 친정 식구들과 이야기만 하면 내가 운다.

저녁에 냉장고를 열어보자 어머님께서 푸짐하게 사 놓으신 먹거리들이 봉지째 들어 있었다. 감자떡 등 이것저것 많이 사 오셨다. 장날이라 나의 상태를 위로하기 위해서인지 알 수 없지만 맛있어 보이는 먹거리에 기분이 풀렸다. 난 퉁퉁 부은 눈으로 식탁으로 나와 식구들과 얼굴을 마주했다. 남편과 딸은 퉁퉁 부은 나를 놀렸다. 얼굴에만 살이 급하게 쪘다고, 이렇게 웃고 넘기는 사이 어머님은 얼굴이 굳어 계셨다. 통화내용을 들으신 건지 우는 내 모습이 신경쓰이신 건지는 모르겠다. 상관없다. 나도 사람인데, 감정이 있는 사람인데 좀 울 수도 있지. 우리집이잖아. 뭐가 어때.

가시마음
그리고 가족

2021.02.22.

날씨 : 낮에는 따듯, 저녁에는 쌀쌀

   오후 3시 즈음 일하는 도중 갑자기 순대가 먹고 싶어 졌다. 쫀득하고 따듯한 그 순대를 먹고 싶었다. 분식집에 앉아서 친구와 먹던 떡볶이, 순대, 어묵을 정말 먹고 싶다는 생각이 밀물처럼 밀려왔다. 나, 요즘 마음에서 꿈틀거리는 게 느껴진다. 여행과 등산, 나들이 등 이 모든 게 하고 싶어졌다. 요즘 나에게 일어나는 심경의 변화가 갱년기인가?

   남편에게 카톡으로 순대를 먹고 싶다 남기고 퇴근시간에 부랴부랴 마을버스를 타고 분식집으로 향했다. 다행히 가게는 오픈한 상태였다. 들어가 보니 붐비는 정도는 아니지만 그래도 사람들이 제법 자리를 차지해 앉아 있기도 하고 들어오는 손님들도 보였다. 다른 사람들도 나와 같은 마음이구나. 어묵, 순대, 떡볶이를 사 들고 남편을 기다렸다. 누군가를 기다리는 시간은 나에게는 즐거운 일이다. 누군가 나를 위해 내가 있는 곳으로 달려온다는 건 기분이 신선 해지는 묘미가 있다.

   항상 남편은 자상한 사람이다. 그리고 가족을 위해 작은 하나까지도 챙겨주는 꼼꼼한 사람이라 내가 참 복도 많다 생각하며 살고 있다. 이 사람을 만나기 전 까지만 해도 나도 다른 이들처럼 마음이 팍팍해져 가고 있었던 시기가 있었다. 그때는 내가 상처를 받았다는 생각만 크게 가지고 있었던 것 같다. 남편을 만난 후 '내가 상처를 받았다면 나도 누군가에게 상처를 주진 않았을까?'라는 생각이 문득문득 들 때가 있다. 나도 누군가에게 상처를 주고 그걸 인지하지 못하는 게 아닐까?

난 내가 받은 상처만 기억하며 또다시 상처받지 않기 위해 왼손에는 방패를, 오른손에는 창을 든 모습이었는지도 모르겠다는 생각이 든다. 이렇게 지내다 보니 점점 메마른 사회가 더 메말라가는 마음이 너무 아팠다. 가시가 자라는 마음이라 더 아프게 느껴졌다. 앞으로의 건강한 사회를 위해서, 자라나는 미래세대의 주인공들을 위해서 이러면 안 된다. 나부터 바뀌어야 내 주위가 바뀌고 내 주위가 바뀌어야 세상이 바뀌는 거라고 생각한다. 내가 실천을 하고 있는지는 잘 모르겠지만 말이다.

딸아이가 오래간만에 안방으로 와서 바닥에 깔아 놓은 이부자리에 누워 여유를 즐겼다. 우리 부부는 딸 앞에서는 무장해제가 된다. 몇 분 전까지 컴퓨터와 씩씩거리며 눈에서 레이저가 나오던 내가 딸의 등장에 어느새 내 눈은 하트를 가득 담아 아이와 나란히 누웠다. 아이와 어떤 이야기를 나눴는지 정확하게 기억은 안 나지만 둘이서 깔깔거리며 한참을 이야기했다. 아이의 웃음소리로 오늘도 팍팍한 세상을 조금은 깨뜨렸다. 앞으로도 지금처럼 엄마와 마음 터놓고 평생 지냈으면 좋겠다.

지기 싫어하는 딸은 아빠와 바둑을 둘 때 가장 집중했어요.

마음 샘을 찾아서

2021.02.24.

날씨 : 기분 좋은 봄날

봄이 왔는데 난 도대체 뭘 하고 있는 건지 도통 모르겠다. 옴짝달싹 안 하고 회사와 집만 오가는 로봇처럼 느껴진다. 새싹이 나왔다고 하던데, 어딘가는 꽃도 폈다 던데 아직도 내 몸에 걸쳐져 있는 무채색의 두툼한 옷들을 다시 한번 돌아보게 된다. 이번 주 당당하게 지팡이와 함께 친구 하며 걸어서 동네 한 바퀴라도 해야겠다. 얼마 전까지만 해도 퇴근시간에 까만 밤에 빛나던 별과 달을 봤었지만 지금은 그 어둠은 사라지고 점점 더 밝아지는 낮시간이 되어가고 있다.

퇴근하고 집에 빵이라도 사 가야겠다 싶어 빵집으로 향했다. 프랜차이즈 빵집이 리모델링을 하고 가게가 깨끗해 사람들도 많이 찾으니 빵도 좋은 빵이 많겠지? 라는 마음으로 향하며 걸었다. 빵집 문을 열고 들어서자 문을 열기 전 기대와 달리 몇 가지 빵만 구색 맞추기로 진열이 되어있었다. 역시, 요즘 경기가 많이 안 좋다. 특히 서민들이 더 어렵다. 거기다 빵 값이 오른다는 뉴스가 나오고 있으니 사람들이 허리띠를 졸라매고 또 졸라매고 있는 듯했다.

스토리가 있는 빵가게라면 좀 더 좋겠다는 생각이 들었다. 내가 스토리가 있는 작은 찻집이라도 열어보고 싶다. 요즘 현대사회는 다들 마음을 나누는 사람들보다는 먹고사는 쳇바퀴의 하나처럼 열심히 일을 하면서도 점점 힘든 사람들이 더 많아지고 있는 것 같다. 그러다 마음은 더 삭막해지고 사회는 메마른 논바닥처럼 쩍쩍 갈라지고 있는 게 아닐까?

나도 그런 사회의 일원이다. 몇 년 동안 여행도 여가도 누리고 살기를 포기했었다. 이젠 조금씩은 어디선가 누구라도 마음 샘을 찾아 그 샘이 강이 되고 바다가 되는 세상이 열렸으면 좋겠다. 나부터 내 이웃을 먼저 돌아보게 되고 살피고 하는 용기를 하늘의 그 대단하신 분이 나에게 능력을 주시길 빌어본다.

마음,
흐리기도 화창하기도

2021.02.26.

날씨 : 쌀쌀한 맑은 날

　인사동으로 향했다. 다행히 남편이 약속장소까지 태워다 준다는 말에 옳다구나 하고서는 남편과 데이트하는 기분으로 차에 올랐다. 운전을 시작한 남편이 약속장소를 이제야 물어본다. 나는 기분 좋은 음성으로 속삭이듯 말해준다.
　"인사동이요."
　남편의 표정이 의아하다는 듯 내 얼굴을 빤히 바라보더니 이내 다시 씩 웃으며
　"너무 멀었으면 안 태워 줬을 거야."
　라는 멘트를 덧붙였다. 오호, 출발하고 말하길 잘한 듯하다. 둘이서 기분 좋은 농담도 하고 봄이라 느끼는 싱그러운 봄내음도 만끽하며 데이트하듯 기분 좋게 드라이브하는 그 시간을 즐겼다.

　남편이 막히는 길을 보더니 내비게이션을 못 믿겠다며 더 빠른 길로 찾아갈 거라 자신하며 핸들을 돌렸다. 한강다리를 건너고 광진구인지 성동구인지 시내를 가고 가도 남편이 찾는 길은 보이지 않는 듯했다. 그러다 이쯤 왔으면 내비게이션이 더 빠른 길을 찾을 거라며 다시 내비게이션이 가리키

는 길을 따르기 시작했다. 에그, 시간은 점점 약속시간을 향해 다가가고 있는데, 도대체 우린 언제쯤 도착하려는 지 알 길이 없었다. 그러다 다시 한강다리를 건너는 순간, 우리 남편 또 길치 면모가 다 드러나는 순간이라는 걸 눈치챘다. 나는 이럴 때 화를 내거나 짜증을 내기보다는 그냥 괜찮다며 늦었지만 그 순간을 즐기자는 성격이라 남편을 재치 있게 위로했다.

그리고 재빠르게 친구에게 좀 늦을 거라며 먼저 가서 기다리라 일렀다. 먼저 도착할 거라 예상했지만 좀 늦지 뭐, 그렇게 인사동에 도착했다. 내 약속에 지각하게 해서 미안하다는 남편, 여기까지 힘들게 운전했는데 점심도 못 먹이고 보내서 미안하다는 나였다. 둘이서 서로 인사를 하고 남편을 보냈다. 곧이어 친구와 한정식집에서 점심식사와 곁들여진 담소로 그간의 내 스트레스와 코로나 블루로 인한 우울 등 모든 고민이 하나하나 사라지는 시간을 가졌다. 식당에서 하던 이야기는 또 다른 장소인 커피숍에 자리를 잡고 앉아 이어졌다. 웃고 즐기는 대화 속 나의 꼭꼭 숨겨놓았던 이야기가 나오기 시작하자 이내 내 눈동자가 커지고 커지다 차오르는 눈물을, 흘러내리는 눈물을 숨길 수가 없었다. 그러다 나의 옛이야기, 친정 이야기를 아직 중간도 못 했는데도 이렇게 터지는 감정에 나도 당황스러웠다. 친구는 그저 간간히 상황에 맞는 추임새를 넣어만 주며 조용히 들어줬다. 이 친구가 너무도 고마웠다.

가끔 내가 나 스스로를 볼 때 예전 어리숙하고 맹한 나 자신으로 인해 다른 사람들이 이용하고 버리는 쓰레기가 된 듯해서 많이도 작아지고 작아지다 내 마음이라는 울타리 안에 나 밖에 없는 것 같아 마음이 많이 아팠었다. 그리고 그 혼자 있는 나의 마음에 가시가 많이 솟아 나 있었다. 어느새 가시는 무럭무럭 자라 나 스스로 내가 싫어하던 그런 사람의 모습을 하고 있는 것 같아 친구와 헤어지고 많은 생각에 눈물이 났다. 앞으로 가시를 병아리 솜털로 다시 돌려야 할지 아니면 지금처럼 강하게 키워야 할지 아직도 잘 모르겠지만 뭔가 내가 바뀌어야 한다는 건 알 것 같다. 나 스스로를 다시 한번 거울에 비춰봐야 한다.

집에 다다랐을 즈음 교복점에 전화를 했다. 오늘 교복이 왔냐고, 찾으러 가겠다고 하고 시간을 확인했다. 그 시간이 7시 즈음이었다. 교복가게 사장님의 사정으로 가게로 들어가지 못하고 길에서 사장님을 기다렸다. 낮에 만났던 친구의 말이 귀에 아직 남아 나를 흔들었다. 기다리는 시간 엄마에게 전화를 했다. 무던하게 평상시처럼 건강하게 전화를 받아 주셨다. 목이 메어 목소리가 안 나오기도 했지만 입술을 꽉 깨물고 목소리에 힘을 주어 평상시처럼 밝게 통화를 했다. 엄마와의 통화에서 회사일에 지쳐 언니가 화가 많아지고 짜증이 많아졌다는 소식과 오빠가 수술과 병 치료를 위해 퇴사했다는 소식도 듣게 되었다. 다들 힘들게 지내서 그렇구나. 엄마의 목소리에 내 목이 메어 말이 나오지 않았다.

교복을 찾아서 택시를 타고 집으로 왔다. 택시를 오래간만에 타서 그런지 계산하는 법도 모르겠고 우왕좌왕 잠깐 했다. 다행히도 택시기사 아저씨는 우리 아파트 주민이셔서 담소도 짧게 나눌 수 있었다. 집으로 향하며 아이가 기뻐 놀라는 모습을 상상하며 나도 기뻤다. 내 발걸음이 달리기를 시작했다. 엘리베이터에서 내려 쿵쾅대는 가슴을 진정시키며 현관문을 열었다. 무표정하게 인사하던 딸은 내 손에 들려 있는 교복 쇼핑백을 보더니 환하게 기뻐하며 팔짝팔짝 뛰며 돌고래 환호성을 질렀다. 온 식구가 다 기뻐했다. 아이가 교복을 입고 우리에게 보여주는 모습을 영상으로 찍지 못해 아쉬웠다. 교복은 아이가 모델이 된 것 같은 착각이 들 정도로 멋져 보였다. 그런 모습을 바라보며 아이가 어느새 저렇게 컸을까? 신기하기만 했다. 배 속에 있던 꼬물꼬물 꼬물거리던 꼬물이가 태어나 울기만 하던 모습과 지금 내 앞에서 중학교 교복을 입은 모습이 오버랩되었다. 감정이 복잡했다. 부모라는 대단한 사람 중에 우리 부부, 나도 있다는 사실이 벅찼다.

잠시 자리를 정리하고 일어나며 엄마가 떠올랐다. 우리 부모님도 나를 이렇게 고운 마음으로 키우셨겠지 싶은 생각에 마음이 찡했다. 낮에 인사동에서의 마음 아팠던 기억이 되살아나 고개가 숙여졌다.

나도 입장 바꿔
생각해 보니

2021.03.05.

날씨 : 걷기 좋을 만큼 쌀쌀

점심시간에 어렵게 시간을 내서 우체국을 갔다. 얼마 전 반품 판매점에서 구입한 인형과 머리 곱창 끈을 새해 선물로 헝가리의 지인에게 선물하려고 우체국으로 가는 길이었다. 이전에 왔을 때 준비 부족으로 헤맸던 경험이 있어 오늘은 만반의 준비를 해 온 상태라 별로 걱정이 없었다. 하지만 휴, 이놈의 우체국은 올 때마다 힘들다. 박스에 포장을 하고 택배용지에 주소를 다 기재하고 접수대로 갔다. 이것저것 묻더니 우편번호를 달라고 한다. 지난번에는 전화번호가 없어서 안 된다더니 이번에는 전화번호를 챙겨 왔는데 우편번호를 달라 한다. 주소에 쓰여 있는 번호가 우편번호인 듯해서 그게 우편번호라 말을 했더니 직원은 컴퓨터 키보드를 눌러 보고서는 아니라 한다.

짜증이 밀려왔지만 난 지성인이다. 참았다. 지인에게 부랴부랴 카톡도 전화도 했지만 연결이 되지 않았다. 에혀, 난 우체국과는 거리가 먼 사람이라 생각하며 오늘의 소포 발송은 포기했다. 힘들게 들고 간 상자를 옆구리에 끼고서는 우체국을 나와 회사까지 꾸역꾸역 걸었다. 오면서 혼잣말로 궁시렁 궁시렁 화딱지 일어나는 마음을 투덜거렸다. 누가 듣거나 말거나.

사무실에 도착하니 점심 먹을 시간이 딱 30분 남았다. 쌀쌀한 날씨 비지땀을 흘리며 내 자리에서 도시락을 챙기는데 민원인이 내 앞에 있었다. 나에게 이런저런 일에 관련된 말을 하길래 난 반대편에 앉아 있는 직원을 가리키며 그쪽으로 가보시라 안내했다. 내 고픈 배 먼저 챙겨야겠기에 조용히 식사할 공간을 찾아갔다. 상담실로 들어가 긴 한숨을 두어 번 쉬고 잠시 쉬었다 도시락을 꺼냈다. 아무리 기운이 달려도 먹어야 살지. 15분 만에 도시락을 먹었다. 이렇게 소소한 짜증이 나는 날에도 도시락은 맛이 있다. 꿀맛이다. 몸이 힘들어서인지 더 맛있다. 오늘 보내지 못한 해외 소포로 인한 화딱지는 도시락이 다독여 준 하루였다.

동네 작은 골목 상점의
숨은 이야기

2021.03.08.

날씨 : 바람 끝이 차가웠던 날

　오후의 근무를 잘 마무리하고 바지 지퍼를 수선하기 위해 사무실 옆 건물 수선집으로 갔다. 수선집은 깔끔하고 깨끗하진 않지만 오래된 정취와 전문가의 손때가 묻어나서 전혀 싫지 않은 느낌을 갖게 해 줬다. 거기다 수십 년은 걸쳤을 듯한 앞치마를 두르고 하얀 새치머리, 헝클어진 머리카락을 대충 올려 꽂은 머리핀 아래 편안하고 따뜻한 눈길로 나를 대하시는 할머니는 인상이 참 좋으셨다. 할머니와 대화하다 할머니가 잠시 움직이는 모습을 보게 되었을 때 알았다. 할머니도 다리가 다소 불편하신 분이셨다. 나와 같이 몸이 불편한 이유일까? 편안했다. 다른 낯선 환경에서는 말도 제대로 안 나오는 내가 이곳에서는 고향 이모를 대하듯 말도 편안하게 나왔다.

　바지 지퍼 수선을 맡기고 돌아서려 할 때 프란치스코 교황님의 사진이 액자 없이 벽에 붙어있었다. 아, 천주교 신자이시구나. 난 반갑게 저도 신자라 말씀드리며 다시 의자에 앉아 이런저런 성당에 관한 이야기를 이어갔다. 할머니의 따님 이야기, 성당 이야기, 냉담에 관한 이야기 등 두 시간도 세 시간도 이야기를 나누고 싶었다. 나를 태우러 오는 남편만 아니었다면 그냥 주야장천 이 자매님과 이야기를 나누고 싶었다.

이렇게 난 이 동네에서 지인 한 사람을 만들게 되었다.

아이가 만들어내는 음식은 내가 만든 음식 보다 몇 배 더 훌륭해요.

10대를 오롯이
살아가는 딸내미

2021.03.24.

날씨 : 얼마 전까지 눈, 이젠 꽃이 만발

    회사 업무를 하는 동안 간간이 책도 읽고 나름의 포털 사이트 익명 고민 글에 댓글로 응원도 하며 또 여기저기 모임에 가입해서 생활한 지 꽤 시간이 흘렀다. 모임 가입을 두서너 개 만든 것도 이곳, 일기를 본격적으로 매일 쓰기 시작한 것도 이곳이다. 하남으로 이사 온 후 많은 일들을 하고 있다. 아직 본격적으로 혼자 하는 여행에는 도전을 못 했지만 나름 집에서도 바깥에서도 마음에 찌꺼기 없이 잘 살고 있는 듯하다.

    퇴근 후 집에 들어오는 길에 요즘 집에 간식을 마련하지 못해 아이에게도 어머니에게도 약간 미안한 마음이었지만 통장의 잔고가 딸랑거리니 오늘도 난 빈손으로 현관문을 들어섰다. 여전히 밝게 웃으며 인사를 하는 딸을 바라보게 된다. 바깥에서 폭풍우를 만나서 힘들었다가 집에 들어오며 편안하고 잔잔한 미소로 맞이해 주는 이 아이를 보는 순간 그간의 노고가 녹아 내린다. 자식이란 게 이런 거구나. 어머니께서 차려 놓은 저녁상 앞에 모든 식구들이 둘러앉아 오늘도 나와 가족들은 좋은 대화를 이어 나갔다.

    아이의 학교생활에 관한 이야기 등 여러 가지 이야기를 나누었다. 오늘 대화의 내용 중 핫 이슈는 8시 반부터 시작되는 그 유명하고 전 세계를 뒤흔드는 대스타 BTS가 〈유퀴즈 온 더 블록〉라는 프로그램에 나온다는 뉴스였다. 아이는 흥분을 감추지 못하며 이 소식을 우리에게 전했다. 대단한 녀석이다. 엄마 아빠의 생일이나 신상에 대한 것은 별로 아는 게 없으면서 그 놈들(BTS, 세븐틴 합쳐서 20명)에 대한 신상은 고향부터 출신학교까지 줄줄이 꿰고 있다는 게 참 대단한 녀석이라는 생각이 든다.

나도 나름 집중해서 내 할 일을 하다가 아이가 워낙 큰 소리를 지르는 통에 궁금해서 내방을 정리하고 거실로 나갔다. 프로그램이 벌써 진행되고 있다고 생각했지만 웬걸, 아직 광고 중이었고 앞으로 15분 더 광고를 한다고 한다. 광고에 BTS 얼굴만 나와도 괴성을 지르는 딸이었다. 애 상태가 괜찮은 건지 모르겠다. 나도 아이의 반응에 이끌렸던지 그 프로그램을 다 보게 되었다. 방송에서 진솔하게 이야기하는 그들을 보며 힘들었던 순간을 이야기할 때 나도 같이 눈물을 흘린다. 그런 나를 보면서 아이는 엄마를 살짝 걱정하는 마음을 담아 아빠에게 전한다.

"엄마 또 운다."

아이는 마냥 밝게만 지내던 내가 가끔 이렇게 TV를 보거나 이야기를 하며 울컥하는 내 모습을 많이 봐서인지 반응이 덤덤하다. 딸에게 부끄러운 행동이라 생각할 수 있지만 부끄럽지 않았다. 그래서 그냥 가족들이 보거나 말거나 눈물을 흘렸다. 그리고 이젠 가족들도 내가 울면 별 대수롭지 않게 보게 되었다. 드라마들도 광고들도 요즘은 왜 이리 날 자꾸 울리는지 모르겠다.

8장

난 오늘
나 스스로가 자랑스러웠다

가을 타는 남자

김현정

회사로 뚜벅뚜벅
집으로 뚜벅뚜벅
매일매일 뚜벅뚜벅
이러기를 수십 년

나라는 사람은
도대체 누구인지
이젠
기억마저 희미해진다

빈 마음 술로 채우려 해도
사람들과 나누는 대화로 채우려 해도
황소바람만 부는
황야일 뿐이다

오십이 넘은 나이
치기 어린 나이 때는
오십이 넘으면
금송아지 한 마리 쯤은
저절로 만들어지는 줄 알았다

에구,

뒹구는 낙엽이
발끝에 치이는 가을
오늘도 이 기분을
가을 탓으로 돌리련다

성장하는 아이를
지켜보며

2021.03.28.
날씨 : 잠시 다녀간 비 손님

딸아이가 요즘 신났다. 중학교 들어가고 나서 훨씬 활발해지고 바깥활동도 많아졌다. 오늘은 단짝 친구와 버스를 타고 스타필드까지 간다는 계획까지 세웠다 말하며 신나 한다. 어제는 같은 아파트 살던 또 다른 단짝친구가 이사를 간 먼 도시에서 친구들과 만나기 위해 온다고 한다. 아이는 밤 늦게까지 통화를 하며 방방 뛰기까지 했다. 오늘 아침에 그 친구는 비가 온다며 못 온다는 소식을 전해왔다. 아이는 잠시 아쉬워하다 다른 친구와 점심도 먹고 스타필드로 간다며 다시 팔랑거리며 나비춤을 춘다.

드디어 아이가 교통편 독립을 하는구나. 아이가 10시 50분에 나가고 집에서는 어른 세 명이서 조용한 하루를 보냈다. 80대 어머님과 우리 부부는 별 대화도 없고 각자의 뭔가를 하며 시간을 채워가고 있었다. 저녁 식사 시간 즈음 아이가 돌아왔다. 아이는 기분 좋게 놀았는지 얼굴에 미소가 만면했지만 피곤하다며 방으로 금방 들어간다. 아쉽다. 아이가 점점 자라고 있다는 걸 이렇게 느껴가고 있다. 아이가 부모인 우리와 보내는 시간보다 바깥에서 만나는 친구들과 또는 모임활동으로 저 혼자만의 시간을 보내기 위해 제 방에만 있을 때 아이가 점점 자라고 있다는 걸 여실히 느낀다. 한편으로는 그 모습이 성장해 가는 자연스러운 과정이라는 걸 알면서도 마음 한 편 아쉬운 마음을 지울 수가 없다. 나도 이러한데 나보다 아이를 더 애틋하게 생각하는 남편은 더하겠지? 그런 마음에 남편의 의중을 떠봤지만 남편은 전혀 나와 같은 마음이 아니라며 내가 아이에게 너무 마음을 의지하고 있는 건 아닌지 되려 날 걱정한다. 그런 건가? 나만 그런 건가?

저녁식사가 다 차려지고 아이를 불러도 대답이 없었다. 아이의 방을 조심스레 열어보니 아이는 푹 잠이 들어 있었다. 저녁 식사시간도 조용하게 보냈다. 8시 즈음 일어난 아이의 저녁밥을 차려주며 놀았던 내용을 들으니 짠돌이 부부의 딸이 확실했다. 점심식사도 둘이서 3,000원짜리 떡볶이 1인분을 시켜서 나눠먹었고, 스타필드에 가서도 음료수 한 잔을 사서는 빈 컵을 달라고 해서는 둘이서 나눠 먹었다고 한다. 그리고 그 화려한 스타필드에서 구경을 실컷 하고 돌아오는 길에 기념사진을 찍은 게 오늘 돈 쓴 전부였다. 이 모든 게 1만 원 안에서 다 해결한 내 아이가 참 자랑스러웠다. 짠돌이 부부의 아이는 역시 다른 아이들과는 많이 달랐다. 아이가 돈을 쓰는 것도 세상 이곳저곳 구경하고 즐기는 모습들도 점점 더 잘해가고 있다는 걸 아이가 하는 말들을 통해 듣게 된다. 이젠 아이가 나보다 더 큰 세상을 가질 수 있겠다는 생각이 들었다. 잘 자라주고 있어 아이에게 고맙고 이 아이를 지켜주는 하늘의 그 누군가도 마음 가득 담아 감사함을 표하고 싶다.

엄마와 하는 명절 음식준비도 곧잘 하는
아이의 모습입니다.

아이의 눈높이,
어른의 눈높이

2021.04.24.

날씨 : 아침 비, 오후 맑음

　도서관에 도착해 친구와 잠깐 통화를 하고 오후 개관시간을 기다리며 돌벤치에 앉아 있었다. 내 옆에는 초등학교 4~5학년으로 보이는 아이와 그 엄마가 바로 옆에 앉아있었다. 아이는 내 바로 옆에 앉아 그 옆에 앉은 엄마에게 뭔가를 조르고 있었다.

　딸 : 엄마가 좀 해줘.

　엄마 : 네가 해야지.

　딸 : 뭐라고 해야 해?

　엄마 : 네가 궁금한 그대로 이야기하면 돼.

　딸 : 이번만 엄마가 해줘.

　엄마 : 그렇게 걱정 안 해도 돼. 해봐. 언제까지 엄마가 다 해주지는 못해.

　아무래도 도서반납에 대한 이야기를 하는 듯했다. 그런데 반전, 딸아이가 엄마에게서 나에게 고개를 돌리더니 (난 스마트폰을 보고 있었다.)

　딸 : 지금 몇 시예요?

　나 : 엉? 아, 지금 00시 00분. 나에게 말하려는 거였구나. 난 또 뭔가 어려운 질문인 줄 알았네.

　이런 대화였다. 그 아이도 우리 딸의 몇 년 전처럼 내성적인 아이였나 보다. 지금은 학교에서도 집에서도 많은 활동으로 활발하게 생활하는 딸아이가 되었지만 전엔 그러지 못했었다. 지금 나에게 질문을 한 꼬마 숙녀와 비슷한 나이였을 때까지만 해도 아이는 어른들이나 또래 친구를 낯선 장소에서 만나게 되면 내 뒤로 숨어 버리기만 했다.

아이의 그런 모습을 내가 너무 심각하게 고민을 하다 보니
'심리상담이라도 받아야 하나? 병원이라도 가봐야 하나?'
라 걱정을 깊게 했었다. 걱정할 때마다 주위 엄마선배님들은 별거 아니라며 가볍게 말해주었을 때도 내 걱정이 줄어들지 않았을 때가 많았다. 하지만 지금 아이가 건강하게 생활하는 모습을 보며 잊고 있었던 아이의 소심함을 오늘 이 꼬마 숙녀의 모습으로
'아, 그때의 우리 아이도 별거 아니었구나.'
라고 지금 깨닫는다.

내 옆의 아이 엄마와 그런 부분에 대해서 재미있는 이야기를 잠깐 나누고 도서관이 정기소독을 끝내고 문을 열어 도서관으로 들어가야 했다. 모녀와의 유쾌한 대화를 끝내고 가볍게 인사를 한 후 나는 안으로 들어갔다. 내가 커다란 고민이라 생각했던 부분도 오늘처럼 이렇게 낯선 사람들을 만나 잠깐의 대화만으로도 스르르 풀릴 때가 있다는 걸 깨닫게 된 값진 하루였다.

나
엉뚱한 일을 벌이다

2021.04.04.

날씨 : 벌써 더웠던 하루

늦은 아침 오늘은 아이가 먹고 싶어 하던 미아리 우동을 먹기로 했다. 배달 어플을 이용해서 주문을 하려고 스마트폰을 들었다. 그러다 잠시 생각했다. 배달로 딸려오는 플라스틱 용기들이 부담스러웠던 경험이 생각나자 나는 새로운 도전을 해보기로 결정했다. 웃긴 도전이 시작되었다. 큰 냄비, 큰 용기, 작은 반찬통을 챙겨 직접 음식점으로 향했다. 가게로 들어서며 용기에 담아 달라고 하니 직원들도 반가워하며 말한다.

"사실 배달을 안 받을 수는 없고 팔면서도 일회용 쓰레기가 많이 걱정되더라고요. 이렇게 가지고 오면 우리도 좋고 손님들도 좋죠. 좋은 생각 하셨어요."

내가 먼저 생각하고 실천한 건 아니지만 그래도 칭찬을 들으니 내 어깨가 으쓱 올라가는 게 기분이 썩 좋았다. 하지만 막상 내 불편한 몸으로 그 무거운 걸 들고 걷는 게 가장 어려운 일이었다. 밖에서 기다리는 차까지의 거리가 그리 멀지 않아 다행이었다. 해내고 나서 우리만 아는 뭔가 해냈다는 성취감에 뿌듯하다. 우동이 평상시 보다 더 의미 있었던 이유는 좋은 일을 했다는 양념이 더해서일 것이다. 집으로 오는 차 안에서 아이에게 SOS

를 하고 같이 냄비를 날랐다. 집에서 그릇에 담아보니 양이 제법 많았다. 두 그릇으로 셋이서 충분하게 먹고도 남았다.

오늘 점심은 좋은 일을 했다는 의미가 담겨 성공적인 외식이었다. 이렇게 냄비를 들고 가게로 가서 음식을 산다는 생각은 좋았지만 막상 실천해보니 아직은 불편한 게 많다. 앞으로도 여러가지 새로운 도전들을 해보고 싶다. 환경에 관한 일도 좋고 사회복지에 관한 일도 좋다. 뭐든 사회에 내가, 우리 가족이 플러스가 될 만한 일이면 도전해보고 싶은 욕심이 뭉게뭉게 생겨나기 시작한 하루였다.

오늘을 행복하게,
내일을 기대하고

2021.05.22.

날씨 : 꽃놀이 가기 좋은 맑음

걱정했던 꽃놀이는 비 때문에 포기해야 하나 보다고 생각하다 아침에 창문을 열어보니 날이 화창했다. 날이 좋았다. 식구들을 달달 볶아 꽃구경을 떠났다. 우선 급한 볼일로 천호동과 미사도서관을 다녀온 후 덕풍천으로 갔다. 벚꽃이 한창인 계절이 오면 꼭 멀리 지방까지 가지 않더라도 근처 계천 그도 아니면 아파트 단지의 벚꽃만 보더라도 좋다.

이런 꽃놀이를 위해서 아이는 집에서만 입던 원피스까지 꺼내 입었다. 벚꽃이 다 지지는 않아 다행이었다. 나를 위해서 남겨 놓은 선물 같았다. 날 조금이라도 더 기쁘게 하려는 하늘의 뜻이 참 고맙다. 남편은 주차장에서 우리를 기다린다며 모녀간의 달달한 시간을 허락했지만 우리는 같이 못 하는 남편이, 아빠가 살짝 원망스러웠다. 졸라도 말 안 듣는 아저씨는 그렇게 아파트 주차장으로 들어갔고 우리는 천천히 꽃 길을 걸으며 이야기를 하려했지만 아이는 시큰둥하다. 나만 오두방정을 떨어가며 사진도 찍고, 아이에게 아줌마의 개그도 치고 있는 게 아닌가 싶었다. 그저 나 혼자 북도 치고 장구도 치며 꽃 길을 걸었다. 내 옆을 지나는 강아지와 인사하고, 아장아장 걷는 아기들에게도 말 한마디 더 걸어 아기들과 놀다 보니 어느덧 내 뒤통수가 따갑게 느껴졌다. 딸의 시선이 나를 향해 있다. 그러거나 말거나 '좋은 날은 최대한 즐겨야지.' 라는 마음으로 내 스타일대로 그 길을 즐겼다. 아이는 나와 멀찍이 걸으려 빨라진 걸음으로 멀어져 갔다. 흥, 좀 컸다고 숙녀 티를 내는 딸의 모습이었다.

사람들이 많지 않은 벚꽃 명소를 찾기가 요즘은 참 힘들어졌지만 오늘 덕풍천의 벚꽃길은 더없이 만족스러웠다. 작년 서울의 유명 벚꽃 명소에서의 추억을 떠올려 보면 꽃구경보다 사람 구경을 많이 했던 기억으로만 남아 아쉬웠었다. 하지만, 오늘 이곳은 꽃도 풍성하고 여유를 즐기며 걸을 수 있어 좋았다. 벚꽃의 향연을 사진 몇 컷으로 담았다. 내가 언제 이렇게 아름다운 광경을 사진으로 담을 수 있을지 몰라 오늘이 그날이라는 생각으로 연신 버튼을 눌렀다. 흡족했다. 오래간만에 나온 봄나들이로 내가 많이도 들뜬 하루였다. 봄나들이를 할 수 있는 길지 않은 시간, 원 없이 다니고 싶다. 혼자라도 다녀보고 싶다. 어떤 이처럼 혼자 관악산은 못 가더라도 검단산, 아차 산도 가보고 싶은 마음이 뭉게뭉게 커진다.

올해의 나는 작년의 나보다 훨씬 멋있고 성취감 넘치는 한 해를 만들 거라 믿는다. 그 믿음에 의심은 1%도 없다. 당장, 오늘부터 멋진 나로 일어나고 싶다.

벚꽃 나들이로 들뜬 엄마와 조용한 딸이 보낸 하루입니다.

8장 난 오늘 나 스스로가 자랑스러웠다

가끔 나도
내가 감당이 안 된다

2021.05.23.

날씨 : 맑음

    이른 아침 눈을 떴다. 남편이 멀리 외출하는 차로 나와 딸도 같이 얻어 타고 도서관으로 갔다. 아이가 별로 내켜 하지 않아 아이가 좋아하는 동대문도 가자는 말에 같이 가겠다는 반응이 바로 나온다. 준비하는 시간이 느릿느릿 한데도 남편은 잔소리 한마디도 없이 조용하게 현관에서 우리를 기다렸다. 짐을 다 챙겨서는 현관을 나섰다. 차에 타고 도서관을 향해 가던 차 안에서 내 느낌이 뭔가 싸한 게 휴대폰이 생각났다. 가방을 다 뒤졌지만 휴대폰은 없었다. 휴대폰에 신용카드와 체크카드가 다 있어 난감했다.

    차를 집으로 돌리려는 남편을 말렸다. 내 지갑에 든 6천 원이 생각났다. 동대문은 취소하고 도서관만 갔다 오자고 아이에게 속상한 마음 숨기고 말했다. 그러자 아이는 우스갯소리로 한마디를 한다. 그 순간 내 신경이 예민했나 보다. 딸아이에게 날 선 한마디가 나의 입에서 나왔다. 두 부녀가 조용해졌다. 그러다 남편이 점심값으로 쓰라며 2만 원을 꺼내 나에게 내밀었다. 참, 마음도 넓은 양반이다. 다시 배시시 웃는 날 보더니 남편이 한마디 한다.

    "엄마가 아무래도 동대문 안 가려고 계획적으로 휴대폰을 놓고 온 거 같아."

ㅋ~~ 좀 전의 날 선 내 말투는 온데간데없어지고 그저 웃으며 아니라고만 한다. 이래서 돈의 힘이 대단하다는 걸 느꼈다. 아이와 도서관에 도착해서는 2층으로 향했다. 아이는 아이대로 청소년 도서 쪽으로, 나는 나 대로 종합자료 쪽으로 향해 각자의 자리에 앉아 책을 읽기 시작했다. 도서관에 오면 이렇게 좋은 책들이 다 나를 기다리고 내 아이를 기다리고 있는데 왜 이 좋은 곳을 아이가 오지 않으려는지 난 아직도 모르겠다. 내가 내 욕심만 채우려는 건가? 한 시간 반 정도 되었을 때 아이가 집에 가자고 보챈다. 이런, 그래도 아이가 도서관에 왔다는 데 만족해야지. 너무 욕심 내지 말아야지. 아이에게 도서관 오는 것을 부담으로 여기게 하지 말아야지. 그렇게 평온한 시간을 보냈다.

오늘 내가 마음에 들어 대출한 책 한 권을 가방에 넣으니 마음의 식량 하나 든든하게 챙긴 듯 뿌듯한 기분이었다. 이 기분을 아이도 차차 알아가겠지?

한 발짝
앞을 보며

2021.06.07.
날씨 : 여름의 하루였던가?

어제 아이와의 실랑이가 머리에서 떠나질 않았다. 그 실랑이가 끝나고 청소년 상담 1388에 전화를 해서 상담을 하고 나서야 내가 아이에게 요구한 게 그저 공부라는 걸 나 스스로 알 수 있었다. 아이는 그저 아이다. 아니 중학생이다. 인생을 어떻게 살아야 할지 전혀 모르고 그저 연예인을 좋아하고 웹툰을 좋아하고 또래와 깔깔거리기 좋아하는 아이였다. 그런 아이를 앞에 앉혀두고 엄마의 욕심을 필터링 없이 다 쏟아냈었다. 부끄러웠다. 난 아이에게 공부만 잘하기를 절대 바라지 않았다.

내가 진심으로 아이에게 바랬던 건 뭔가를 상상하고 꿈꾸고 그 꿈을 잊지 않고 이루기 위해 찾고 노력하기를 바랐었다. 아니 이렇게 장황하게 쓸 것도 없이 아이가 꿈을 가지고 세상을 스스로 날 수 있기 만을 바랐다. 시간이 오래 걸리더라도 뭔가 끊임없이 아이가 아이 스스로를 알아가고 자신을 존중하고 자신을 사랑하며 소중한 꿈 하나를 위해 세상을 누비길 바랐었다.

내 상태는 엉망이었다. 화남, 나에 대한 혼란, 정리되지 않은 뭔가 생각의 조각들이 뒤죽박죽이 되다 보니 아이에게 오늘의 모든 일정 취소를 알렸다. 그렇게 아이와의 썰렁한 시베리아 같은 분위기를 만들었다. 이런 내 엉망인 멘탈과 썰렁한 분위기 상태에서 저녁식사 준비를 했다. 밥을 하고 반찬이 별로 없다는 걸 알고 동태찌개를 끓였다. 아차! 동태찌개를 끓이는 냄비 옆에 남편이 그저께 끓여 놓은 된장찌개가 한가득 있었다. 그것 말고도 나의 엉망진창 일상이 시작되었다. 쉬어야 했다. 쉬어야 한다. 하지만 요동치는 감정들을 생각으로 정리해 전달해야만 했다.

쉬이 평상시처럼 내 기분이 풀어지지 않았다. 곰곰 혼자 정리하기 위해 잠시 조용히 턱을 괴고 생각했다. 그리고 정리한 생각들을 이야기했다. 엄마와 아빠가 아이에게 정말 바라는 건 집이라는 곳만이 너의 세상이 아닌 세상을 누비는 아이로 자라기를 바란다는 것뿐이었다.

"집이 편하다 하여 집이 너의 세상 전부가 된다면 엄마 아빠가 환갑을 맞아 정년퇴임을 하게 되었을 때 어떨지를 생각했으면 좋겠다. 너를 먹여 살리기 위해 우리는 건강한 몸이 아닌 상태와 많은 나이로 직장생활이 아주 많이 힘들다는 것과 그때에 이르게 되면 우리가 할 수 있는 일이 뭐가 있겠는지도 같이 생각해 봐라. 그렇게 되더라도 넌 괜찮을까? 우리가 너한테 바라는 건 큰 게 아니다. 그저 사회에서 당당하게 잘 지내기만을 바란다. 사회라는 게 원래 낯선 곳이다. 낯설다고 싫다며 사소한 뭔가도 도전하지 않는다면 넌 세상을 나갈 수 없다. 세상에서 당당한 사람으로 지낼 수 없다. 세상, 돈이 전부가 아니라 너 스스로 널 지키며 당당하게 누빌 수 있는 힘을 기르는 게 훨씬 더 큰 부분이다."
라 강조했다.

그리고 이어서

"그간 엄마가 너에게 내가 싫어하던 부모의 모습을 보였다. 내가 너의 공부를 끌고, 그걸 억지로 끌려오는 불만 많은 너로 키웠다. 이 부분 엄마가 잘못했다. 이제부터 너에게 공부에 관해 관여 안 한다. 그 대신 2주의 시간을 줄 테니 앞으로 네가 어떤 사람으로 살기를 원하는지 종이 1장 쓰고, 또 네가 그간 살아오며 이룬 성공을 써봐라. 아주 작은 성공이어도 좋다. 상을 탄 것도 칭찬을 받은 것도 너 스스로 잘했다고 생각하는 것도 종이 1장에 쓰고 앞으로 어떤 걸 하고 싶은지 네가 어떤 걸 좋아하는지 등을 또 다른 1장에 써봐라. 그렇게 네 꿈을 직접 찾아봐라. 이 부분 누군가의 도움이 필요하다면 1388 상담 톡이나 전화, 또는 위클래스 선생님 또는 주변 선생님이나 어른들에게 물어보는 걸 추천한다."

이 대목에서 아이는 안 그래도 얼마 전 아이가 엄마의 생각을 선생님께 비쳤다가 선생님이 엄마의 말이 어떤 의도인지 객관적으로 이야기해 줬다고 했다. 그 말을 들은 순간 난

"유레카!"

라고 외치고 싶었다. 왜냐면 그간 아이에게 엄마의 말은 그저 잔소리였다. 그럴 수밖에 없는 게 평생을 모든 모습을 봐왔으니 그저 엄마의 말은 잔소리였던 게 당연했다. 그래서 다른 친한 어른이 아이에게 객관적으로 이야기를 나눌 상대를 만들어 주고 싶었지만 내 마음과는 달리 되질 않았다. 그랬는데 그렇게 필요했던 존재가 선생님이 될 수 있었다. 다행이고 다행이었다. 추가로 아이에게 우리 가족은 남들과 다른 형태의 이상한 가족이 아닌 현대사회의 아주 많은 다양한 가정 중에 한 가정이며 특히 우리 가

족의 가장 큰 장점은 모두 행복하다는 것이라 말해줬다.

  아이는 어제와는 달리 오늘의 회의에서는 잘 통했다. 아이도 나도 남편도 다 소통이 잘 되었다. 마지막으로 각자 먼 미래의 목표, 1년 목표, 반기 목표, 1달의 목표, 1주일의 목표, 매일의 목표를 세울 것을 숙제로 내주었다. 조만간 가훈을 내 개인적 생각
  '생각대로 살지 않으면 사는 대로 생각한다.'
  를 표구로 걸고 싶다. 또한 각자의 목표를 거실과 개개인별 작업공간에 붙이고 가족 간 소통할 수 있는 메모판도 만들도록 할 것이다.

  이 모든 걸 하고 나니 시간은 10시 즈음이 되었다. 회의가 순조로워 내가 어제와는 달리 기분이 좋아진다. 기분이 점점 더 가벼워진다. 그리하여 나의 장황한 수다는 또 이어졌다. 엄마는 용띠라는 이야기로 공룡과 용, 신화 속 동물들이 정말 존재하지 않았던 동물이 아니라 존재했을 수도 있는 동물이라는 말 등등을 나눴다. 이런 대화를 내가 어디 가서 시원하게 할 수 있겠는가? 역사, 신화, 환경운동, 인권운동, 장애인권익옹호 등 사회적인 이야기를 내가 어디서 할 수 있겠는가? 이 모든 이야기를 같이 할 수 있는 가족이 그래서 좋다.

나들이 나온 길에는 놀거리가 많아요.

나 스스로가
자랑스러웠다

2021.06.08.

날씨 : 덥고도 더웠던 날

오늘 나 스스로 뿌듯한 일을 해냈다. 그 별거 아닌 한 마디가 오늘 나의 하루 전체를 아니 몇 년간의 인생을 통틀어 가장 분명한 나의 주장이었지 않은가 생각이 되었다. 오늘 내가 장애에 대한 분명한 메시지를 세상으로 꺼냈다. 내 말 한마디는 나에게도 듣고 있던 사람들에게도 긍정에너지가 된 듯해서 기뻤다.

그 내용은 다름이 아닌 발달장애인 자녀와 그 자녀의 어머니 두 분이 오셨을 때의 일이다. 딸의 장애는 발달장애로 아주 인식조차 못 하는 중증도 아니고 그렇다고 이성적 사고와 상황인식을 아주 잘하는 정도가 아닌 그 중간 즈음이었다. 장애인분은 분주하게 말을 쏟아내며 스스로는 엄마를 돕고 싶은 마음과 주체 못 하는 말 폭탄으로 우왕좌왕하는 분위기를 만들고 있었다. 그 분위기 속에서 보호자인 엄마도 딸의 장애로 인하여 주변사람들에게 민폐라고 생각하셨는지 자꾸만 하나하나 제지하다 보니 두 분 다 정신없는 상황이 이어졌다.

보호자의 어머님이 이번에 수급자 혜택을 보게 되셨다며 복지혜택을 신청하기 위해 방문을 하셨다. 여러 가지 혜택을 신청하는 과정에 이 모녀 두 분은 급기야 밖에 나가서 한전과 도시가스 고객번호를 알아오겠다며 급하게 나가셨다. 몇 분 후 다시 돌아와 몇 가지의 혜택을 신청하는 과정은 나도 우왕좌왕하며 진땀까지 흘리고 있었다. 그렇게 민원응대가 이어지던 중 장애인의 어머님께 푸드뱅크를 설명드렸다. 이용하는 기관은 주민센터가 아닌 이용기관이 있는 어느 지역으로 가야 한다는 말씀을 드리는 순간 어머님은

"거기를 찾아가서 이용하기 어려워요. 이런 애를 데리고 어떻게 거길 가요?"

라고 하신다. 난 그 순간 나도 모르게

"장애가 부끄러우세요?"

라 편안한 눈빛으로 어머님을 보며 말을 건넸다. 그랬더니 어머님은 내 말에 뭔가 느끼셨는지 짧은 순간 눈빛이 길을 잃고 흔들렸다가 다시 말을 이었다.

"부끄러운 건 아닌데 그 직원들이 불편하지 않을까요? 민폐라 생각하지 않을까요?"

라고 말씀을 하셨다.

"괜찮아요. 자꾸 보면 익숙해져요."

이 말을 들은 그 어머님은 다시 고개를 숙이고 작성하시던 신청서로 시선을 옮기셨다. 조용히 신청서 작성을 하시던 어머님은 이전과 다른 자신감을 되찾은 눈빛으로

"그럼 신청서 쓸게요."

말씀하시며 푸드뱅크 이용에 관한 안내를 마저 다 들으셨다.

그렇지 않은가? 사회의 구성원은 워낙 다양한 사람들로 이루어져 있다. 그 다양한 사람들 중에 이젠 별종이라고 규정 지을 기준조차 없어지지 않았나? 그 오래전 우리 사회는 남들과 다르다는 건 사회에서 배척을 당하는 대상이 되었다. 그 따돌림은 그 무리에서의 존재를 인정받지 못한다는 것이고 이로 인해 사람들은 점점 남들과 다른 자신의 어떤 작은 부분까지도 숨기려 하고 숨죽이며 살아갔었다. 그러다 보니 사회는 점점 팍팍하게 변해가며 어떤 좁은 기준을 따르는 게 당연시되는 사회가 되어갔다.

그러나 이젠 이혼이라는 것도 아주 흔한 일이 되고 기술의 발달로 전 세계를 단시간에 누비는 일이 가능해지다 보니 외국인이라는 인식도 희미해졌다. 또한 많은 질병과 의료기술로 장애를 갖고도 또는 질병을 갖고도 불편한 몸 유지하며 장수하는 분, 즉 장애인도 꽤 많은 사회가 된 게 현재 아니던가?

그럼 지금의 별종은 누구이며 사회의 대부분을 차지하는 일반인은 누구라고 기준을 분명히 세울 수 있을까? 많은 다문화 가정, 장애인, 외국인, 1인가정, 청소년가정 등 모두 우리의 구성원이다. 모두 존중받아야 할 사람들이다. 각자 사회 구성원으로서 권리 의무를 가진 사회구성원으로 살아가고 있다. 이런 사람들을 차별한다면 차별당하는 그 사람은 차별을 가하는 다른 사회구성원보다 뭔가를 더 잘하는 점이 단 하나도 없을까? 어떤 사람이든 생을 마감하는 순간까지 단 하나도 다른 점 없이 살다 갈 수 있는 자신이 있을까?

저녁식사 자리에서 이 부분을 세 식구가 이야기하며 다양한 각자의 생각을 듣게 되었다. 딸도 우리의 영향인지 학교 교육의 영향인지 우리 부부와 같은 생각을 갖고 당당하게 살아가고 있는 걸 볼 수 있었다. 저녁식사자리에서의 기분 좋은 토론이 끝나고 난 또 부랴부랴 내 할 일 여러 가지를 처리하고 잠자리에 들었다. 침대에 누웠을 때 내 가슴이 벅차올랐다. 세상에 내 작은 목소리 하나 남긴 것만 같아 희열과 든든한 뚝심이 생겼다는 감정 모두를 갖게 된 하루였다.

하루를
밝게 열어주는 친구

2021.06.09.

날씨 : 덥고도 더웠던 날

　예전 같았으면 라디오로 음악이라도 들으면 좋겠지만 요즘은 음악이 없다. 라디오가 사라진 지 오래다. 아침에 일어나자마자 라디오를 켰던 버릇이 있었다. 라디오를 통해 경쾌한 기분을 전달받고, 그 에너지로 하루를 시작하는 게 일상이었다. 그러다 라디오 고장으로 기분 좋은 아침을 열어주던 DJ의 목소리가 사라지자 어린 딸이 더 아쉬워한다. 왜 황족, 황족 하던 예쁜 언니 목소리가 없느냐고 나보다 더 서운한 표정을 숨기지 못했었다. 짜식, 쬐그만 우리 집 꼬마도 엄마의 루틴이 몸에 배었나 보다. 그걸 즐기고 있었나 보다.

　아침의 라디오가 주는 잠깐의 그 시간이 하루를 편안하게 만들어주는 데 작은 디딤돌이 되었다. 아침에 듣게 되는 한 마디의 말이 그랬고, 아침에 듣게 되는 노래 한 곡이 그랬다. 아침에 들은 좋은 노래 한 곡은 가끔 하루 종일 귀에서 맴돌며 혼자 흥얼거리기도 했었다. 그래서 아주 오랜 시간 동안 라디오와 많은 시간들을 함께하다 보니 어느 날 5세 아이가 하는 말에 깜짝 놀랐었다.

　"엄마한테 가장 친한 친구는 라디오지."

내가 언젠가 아이에게 나도 모르게 그리 말을 했나 보다. 잠시 뜨끔한 마음 보내고 나니 아이의 말이 틀리지 않다는 걸 알았다. 나에게 가장 친한 친구가 라디오였다. 그러다 그 친했던 친구가 이젠 빈자리를 만들어놓고는 사라져 버렸다. 무슨 이유인가 고장이 나버린 라디오를 차마 버리지 못하고 그저 소리도 내지 못하는 그 녀석을 얼마간 가지고 있었다. 그러다 남편의 핀잔 한 마디에 과감히 버렸다. 그리고 나니 이젠 아침의 그 경쾌한 목소리, 밝은 에너지를 담뿍 만들어주는 음악이 없어 허전하다. 에혀, 다시 하나 장만을 해야 하나? 요즘 라디오를 듣는 사람들이 많지 않아 좋은 라디오를 사기가 어렵지 않을까? 알아봐야겠다.